詩說 浮世百態

Poems Reflect the Ever Changing World

蘭觀生・著　繪圖：唐健風

現代社會多匆忙
內外壓力無法擋
老年疾病提前來
復健醫療到處夯
最小國度梵蒂岡
裡面住個大教皇
子民遍佈五大洲
無遠弗屆他最夯
信眾偶像是聖母
修女神父少瘋狂

文史哲出版社印行

推薦語

綠　蒂

蘭觀生是一位頗有成就的戲劇工作者，也是本會的資深會員及作家。其多才多藝，寫劇本、編導電影及詩文創作皆有所成。

他的新作《詩說浮世百態》，寫社會，寫政治，也寫人生，平易近人的幽默中，深含警人醒世的意味。不管在順境或逆境，對人世間的一切，依然懷有眾多的關懷與和平的希望。

弁言

齊衛國

我國唐朝大詩人王維，篤信佛教，大家都稱他「詩佛」，（稱李白是詩仙，杜甫是詩聖。）他的詩嫻雅清淡，塑景極美而有畫趣。宋朝文學家蘇東坡讀了他的詩，讚美他「詩中有畫，畫中有詩。」這是對他詩的境界一種極高的評價。

現在，我讀了蘭觀生先生的大作—《詩說浮世百態》，並有漫畫大師唐健風先生在每篇詩旁配有與詩意吻合的漫畫，誠為「紅花綠葉相得益彰」，真正是當代「詩中有畫，畫中有詩。」的傑作，達到蘇氏所說的境界了。

該書內容，淺顯明順，以漫畫言，點線勾圈都成趣；以詩句言，嘻笑怒罵皆文章，多有諷世幽默之作。言簡而意賅，文短而理深，且具有易讀易懂之功，易悟易記之妙。誠不可多得之佳構也。余謹具蕪言特為推介。

齊衛國誌　二〇一〇年七月

詩畫同集　說百態浮世

董延齡

我的同學蘭觀生先生，他是民國六、七十年代有名的劇作家，更是中國電影製片廠的大編導，在那個中華影劇飛越的年代裡，他寫過很多舞台劇、廣播劇、電視劇和電影劇本，如〈龍向天飛〉、〈天兵英雄〉、〈鐵血雄風〉、〈天眼〉、〈日內瓦的黃昏〉等。又曾榮獲中興文藝獎章、國軍文藝金像獎及金馬獎等大獎。除此之外，又曾拍過上百部的紀錄影片，對我國的影劇和文藝宣導，做出巨大的貢獻。

因爲他的編導專才，受到戲劇界的高度肯定，也曾被延聘在政治作戰學校戲劇系和復興劇校擔任教席多年；更由於他教學認真，爲國家培育了眾多的戲劇人才，這是他編導之外的又一貢獻。

近年來他以劇作家敏銳的眼光，目睹社會上種種失衡脫序的亂象，十分憂心，於是就法古人以詩言志的心向，隨手撰寫感時新詩一百首，再配上繪畫大師唐健風先生生動的漫畫，都成一集，名爲《詩說浮世百態》，詩畫並茂，自成一家，不落流俗，看詩知畫，看畫知詩，老少咸宜。對於世道人心，裨益甚多。本集之作，和唐代的大詩人王維，詩中有畫，畫中有詩，同其高妙。

今將出版問世，特贅數語，恭賀他的成功，末了我也寫幾首詩符合他的大作。

我的麻吉蘭觀生，電影戲劇樣樣通。
現在又有新創作，百首好詩在畫中。

另外，據經建會推估：我國人口至民國一一二年，將呈負成長。且嬰幼兒疾病逐年上昇，如過敏性鼻炎、異位性皮膚炎、先天性心臟病、過動兒、自閉症……等遺傳體質性疾病，愈來愈多。經過多年研究，發現凡是罹患上述先天遺傳體質性疾病之嬰幼兒，百分之九十以上均爲孕母在孕前、孕中未把體質調好，以致胎兒在母體內即行成先天不良體質。因此努力鑽研先後著有《打開優生之門》、《懷孕前後體質調養手冊》二書，提供生育年齡的青年夫婦參考，並作詩四首於後，以供參考。

一

要生好兒莫他求，只在自身尋根由。

孕前孕中善調理，勝過事後費九牛。

二

人工受孕何失敗？只因子宮有病態。
孕前子宮先調好，何勞事後費疑猜？

三

孕婦疾病數百樣，中醫調理有特長。
寒熱虛實分證治，胎前產後細端詳。

四

懷孕生病最苦惱，小病不需用藥調。
嚴重產前症候群，中醫調理即會好。

「詩說浮世百態」出版緣由

蘭觀生

我是一個戲劇工作者，自戲劇系畢業後，在過往三十多年的歷練中，一直從事與戲劇、文學、新聞編輯等相關的研究、實務與教學工作。

我寫過很多舞台劇、廣播劇、電視劇和電影劇本，如「龍向天飛」、「天兵英雄」、「天眼」、「鐵血雄風」、「日內瓦的黃昏」等。也曾榮獲中興文藝獎章、國軍文藝金像獎及金馬獎的肯定。除此之外，在中國電影製片廠擔任編導期間，也拍過逾百部的各類紀錄影片。

在廿一世紀，中國和平崛起，華人挺胸抬頭，世界各國爭相學習華文、華語的今天，正是發揚中國傳統文化的最好時機。一個偶然，我重讀了清朝順治皇帝（滿清入主中原首位皇帝）的禪詩：

來時糊塗去時悲　空在人間走一回
未曾生我誰是我　生來是我我是誰

於今方知才是我　豁然朦朧又是誰

之後，所激發出對兩岸關係、經濟、社會及人性面向的一種關懷。藉批判和描繪，以喚起廣大民眾，在政客操弄、茫然無助的環境中，要理性、警覺，走出魔咒迷宮，攜手合作，申張正義，爲自己及後代子孫尋找生路。

當然，除了批判部分之外，更有許多幽默、諷世的意涵和哲理。在現代電腦媒體發達的時代，一般人沒有時間，也不喜歡閱讀長篇大論。若是以這種「詩說浮世百態」的白話題材，表達大眾關懷的主題，並配以漫畫插圖，相互輝映，想必能夠適合多數人的口味，其發人深思的功能，也一定更爲深遠。本詩集的另一功能是，可用來分析人性的善惡，或作爲瞭解社會的脈動。

在廣大的讀者群中，我研究發現：年長者偏好傳統詩詞；年輕者喜歡西式新詩，雖非絕對，但有相當的公約數，正如老歌與新歌的喜好者一樣。所以，我仿照順治皇帝七言絕句禪詩的音韻，用白話塡（撰）寫，讓老、中、青各年齡層的讀者都能接受。「詩說浮世百態」詩集的漫畫插圖，是由中華民國漫畫學會理事長、國畫大師唐健風先生執筆。

唐健風的漫畫幽默、風趣、栩栩如生，畫風獨樹一格。簡單的幾筆就能勾勒出一首詩的主題，詩畫一體，把詩的內涵和境界，詮釋得更真、更美，也更能吸引社會大眾的關注，這是本詩集的特色。另外，這本出自名家的漫畫插圖，還可以做爲藝術科系學生及漫畫愛好者的輔助教材。

感謝中國文藝協會秘書長（前任理事長）王吉隆先生（名詩人綠蒂）、名作家齊衛國先生的推薦和序文、**LINDA** 老師的幫忙，暨中醫大國手董延齡醫師的美言，使本詩集增添亮度。最後，更期盼海峽兩岸及全球華人同胞，在支持發揚中國傳統文化之同時，也給我們一些鼓勵和指教。

在此，也特別感佩文史哲出版社發行人彭正雄先生，敢於用宏觀、入世的胸懷，出版這本書。並向女作家李宗慈小姐的引介和協助出版致謝。

註記：這本詩集寫作的時程爲：二〇〇七年十一月至二〇一〇年八月歷時兩年又十個月，每首都標有時間。

二〇一〇年八月三十一日於台北

詩說浮世百態

Poems Reflect the Ever Changing World

目次

推薦語……綠　蒂……一

弁　言……齊衛國……二

詩畫同集　說百態浮世……董延齡……三

「詩說浮世百態」出版緣由……蘭觀生……六

壹、兩岸篇 Cross-Strait Between China and Taiwan……一三

二〇一〇世界博覽會……一四

ECFA 議題是個啥……一六

和平共榮大中華……一八

釣魚台紛爭……二〇

神舟七號奔太空……二二

故宮國寶……二四

北京奧運……二六

四川大地震……二八

中國針灸……三〇

中國年節……三二

端午節……三四

中秋節……三六

萬里長城……三八

西　湖……四〇
阿里山……四二
日月潭……四四
包二奶……四六
貳、男女篇 Man and Woman……四九
e世代男女……五〇
異夢同床……五二
同　志……五四
色　狼……五六
愛的守則……五八
頌美女……六〇
一根扁擔……六二
胸前偉大……六四
叁、**教育篇** Educations……六七
教育失敗……六八
小學老師……七〇
國中老師……七二
高中老師……七四
大學教授……七六
肆、宗教篇 Religions……七九
廟宇&膜拜……八〇
牧　師……八二
教　皇……八四
道　士……八六
一貫道……八八
和尚也瘋狂……九〇
伍、傳說篇 Legends……九三
二〇一〇世界足球大賽……九四
蓬萊仙島……九八
桂花飄香……一〇〇
蒼天捉弄台灣人（傳說）……一〇二
悼王龍雄輓聯……一〇四
憶好友……一〇六
看照片說故事……一〇八

大難不死……一一〇
別把絕活帶上天……一一二
千人方城戰……一一四
球 賽……一一六
陸、人性篇 Human Nature……一一九
孝順兒女……一二〇
在家吃父母……一二二
啃老族……一二四
甘願坐牢……一二六
殘障人士……一二八
小 丑……一三〇
街友的尊嚴……一三二
身 段……一三四
糊 塗……一三六
古稀年歲……一三八
長壽不老……一四〇
生老病死……一四二
婆媳之間……一四四
山城小鎮祖打孫……一四六
柒、自由職業篇 Free Lance……一四九
新聞記者……一五〇
電視名嘴……一五二
星光大道……一五四
明 星……一五六
國際巨星有正義……一五八
街頭藝人……一六〇
名醫 vs 病患……一六二
空中小姐……一六四
俏護士……一六六
理髮小姐……一六八
檳榔西施……一七〇
舞 女……一七二
律 師……一七四
應召女郎……一七六

捌、社會篇 Societies……一七九

榮　民……一八〇
M型社會……一八二
國際大廈……一八四
美國速食……一八六
跳蚤市場……一八八
同學會……一九〇
計程車司機……一九二
公車駕駛……一九四
紅白帖……一九六
常里長……一九八
北港肉焿……二〇〇
外籍新娘……二〇二
百年老店……二〇四
夜　市……二〇六
復健病房……二〇八
惡　鄰……二一〇
名醫手術開錯腳……二一二

玖、感時篇 Reflections……二一五

國會亂象……二一六
今昔司法大不同……二一八
貪腐王朝……二二〇
貪污腐敗……二二二
寶島悲歌之一……二二四
寶島悲歌之二……二二六
奪　權……二二八
明君 vs 昏君……二三〇
換朝 vs 選舉……二三二
執政黨 vs 在野黨……二三四
前朝遺臣……二三六
政客沒風骨……二三八
卸任總統貪污案……二四〇
官商勾結……二四二

壹、兩岸篇

Cross-Strait Between China and Taiwan

二〇一〇世界博覽會

一

東方上海是大港
二〇一〇它最夯
中國首辦世博會
和平崛起國力強

二

一百多國趕盛會（註一）
不分人種歐亞非（註二）
大國展示競爭力（註三）
小國巧思創意美

九九、八、三

註一：上海世博會展期，自五月一日至十月三十一日（亞洲第一次主辦國是日本——大阪一九七〇年）。
註二：參加國家——歐洲42、美洲34、亞洲46、非洲50、大洋洲16及48個國際組織，合計236個場館。
註三：世界博覽會創立於一八五一年，首屆由英國主辦，一直是強國展示政治實力、經濟實力與科技實力的競技場。

15　二○一○世界博覽會

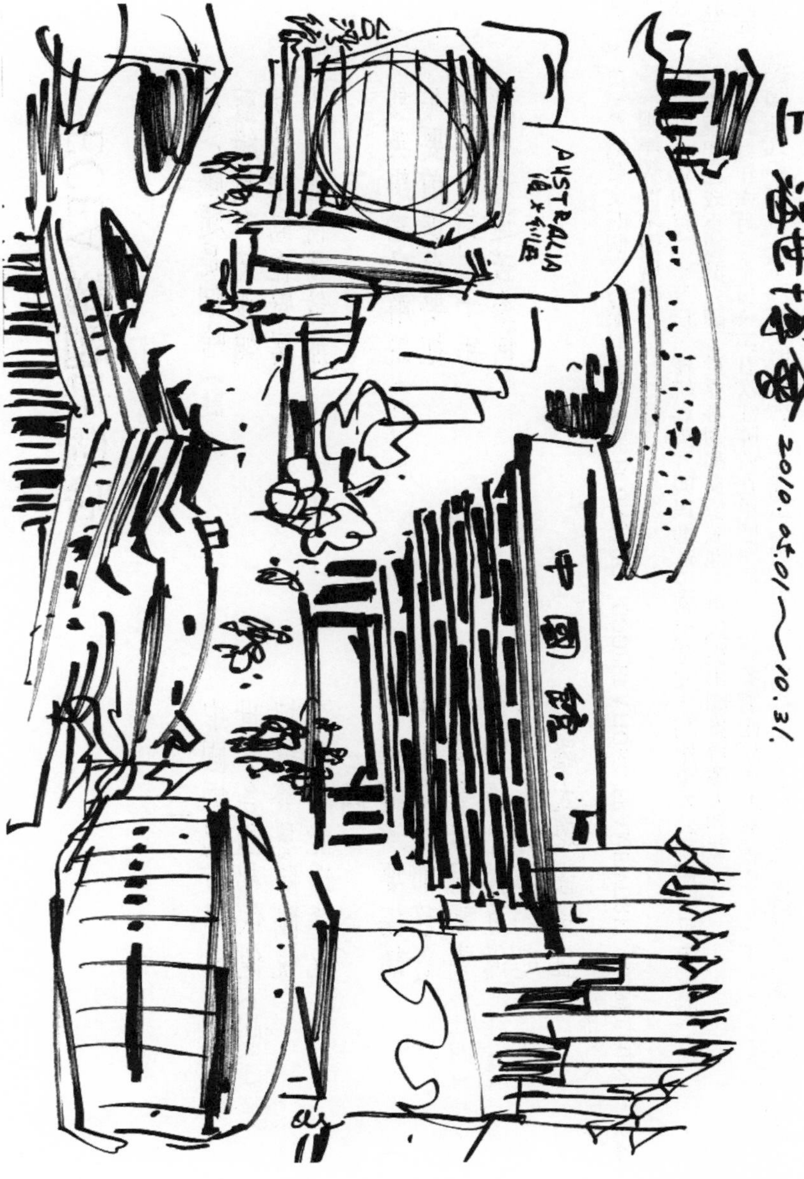

ECFA 議題是個啥

一

ECFA議題是個啥（註一）
藍綠敵對又吵架
執政推動在野罵
人民看得霧煞煞

二

雙英辯論已解說（註二）
馬要前進蔡要拖
固步自封二十年
經濟衰退苦奈何

三

中國崛起市場大
世界各國都依他（註三）
協議簽署降關稅
台灣那能邊緣化

四

兩岸經濟要協議
大小企業都著急
ECFA簽署協議書（註四）
台灣獲利數百億（註五）
台商外商都肯定
普羅大眾皆受益

九九、六、三十

註一：ECFA 爲英文四個字的縮寫，原文爲 ECONOMIC COOPERATION FRAMEWORK AGREEMENT。中譯爲「兩岸經濟架構協議」。
註二：民國九九年四月二十五日，總統馬英九與民進黨主席蔡英文，利用電視公開辯論 ECFA 議題。
註三：中國崛起已成爲經濟大國，世界各國都在依順他，可以從中國獲得龐大利益。
註四：民國九九年六月三十日，第五次江陳會在重慶舉行，正式簽署兩岸經濟協議。
註五：民國九九年六月二十九日，財政部長李述德對媒體表示，兩岸簽署 ECFA，我方獲得淨利益爲二六一億元。

17 ECFA 議題是個啥

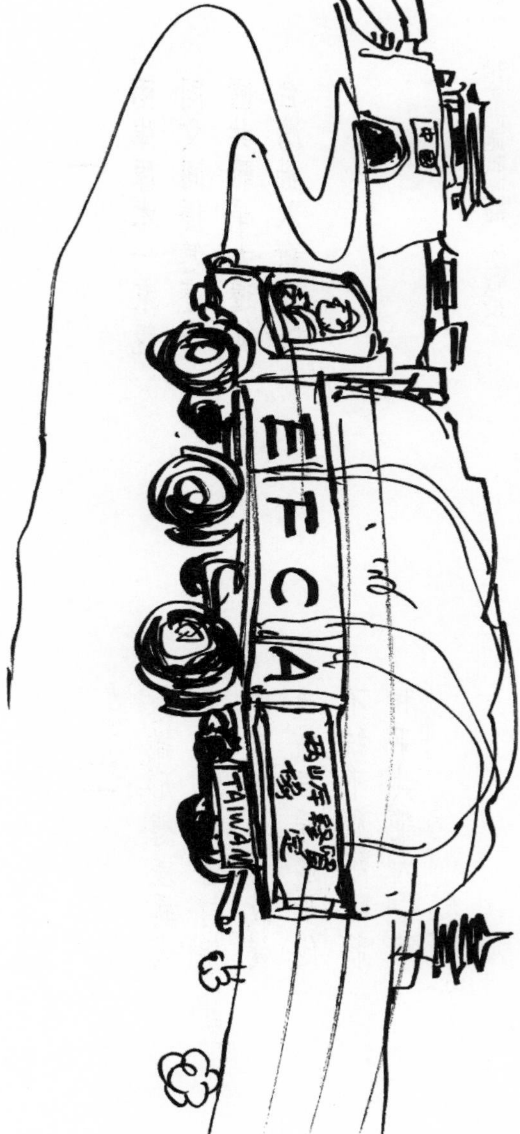

和平共榮大中華

一

兩岸原本一家親
同文同種怎麼分
國共戰爭大遷徙
台灣融入新移民

二

意識形態差異大
兩岸仇視曾打架（註一）
時空環境都改變
直航三通邁步伐
不統不獨維現狀
和平共榮大中華

九七、五、十二

註一：指金門砲戰及海、空戰役。

19　和平共榮大中華

釣魚台紛爭

一

東海有個釣魚台（註一）
自古少人去關懷
二次戰後美託管（註二）
併入硫球錯安排
蘊藏石油億萬桶
中日美台各懷胎

二

主權爭議數十載
日本霸佔不理睬
台灣轄區釣魚台（註三）
漁權遭侵又無奈

九七、六、一九

註一：釣魚台位於東經123度34分至124度之間；與北緯25度40分至26度之間。

註二：第二次世界大戰於一九四五年結束，日本戰敗投降，硫球及釣魚台交美國託管。

註三：民國九十三年（二〇〇四年）四月十五日，內政部依據宜蘭縣繪製測量圖，正式將釣魚台及附近島嶼，列入宜蘭縣頭城鎮管轄。

21　釣魚台紛爭

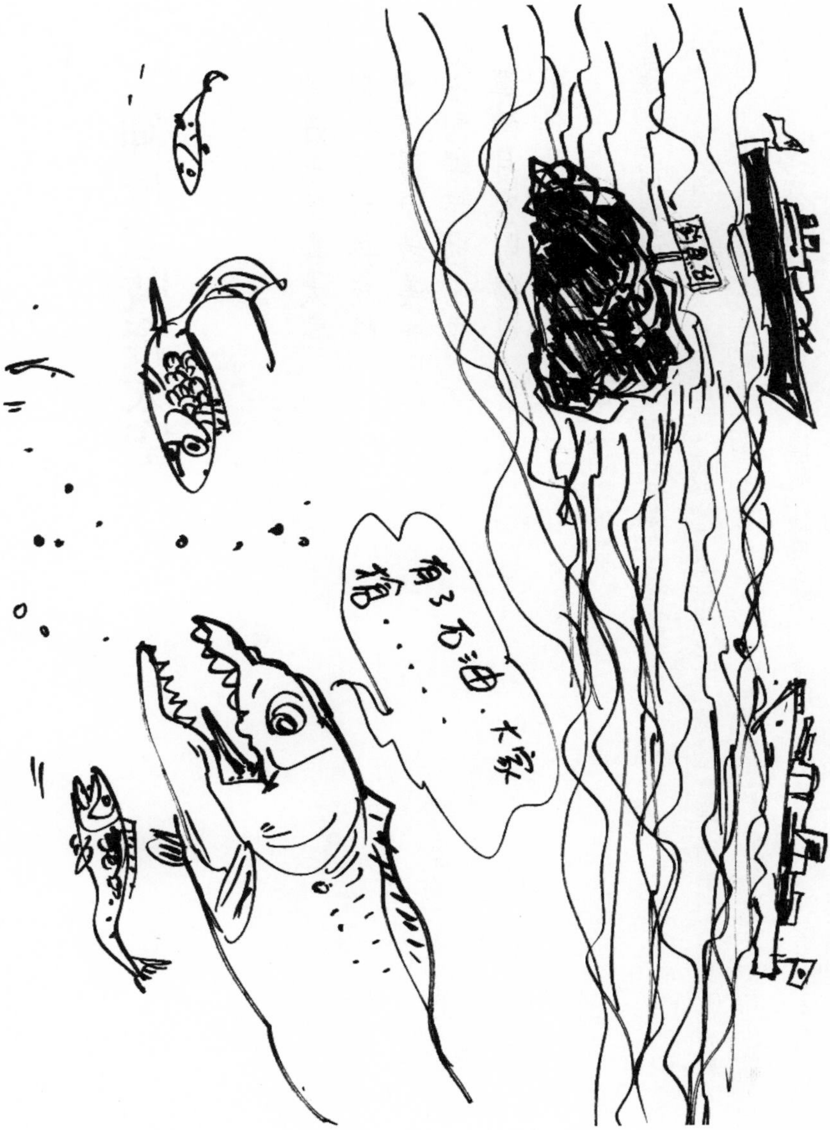

神舟七號奔太空

神舟七號奔太空
航天工程再登峰
太空漫步俄美先（註）
中國崛起也能成
嬋娥月宮盼鄉親
千年神話會成功

九七、九、二九

註：在全球一九三個國家中，目前祇有三個國家掌握太空漫步技術：
（一）一九六五年三月十八日，俄羅斯（前蘇聯）太空船「上升二號」，實施人類第一次太空出艙活動。
（二）同年六月三日美國太空船「雙子星四號」，太空人出艙活動，也是人類第二次。
（三）二〇〇八年九月二十七日中國太空船「神舟七號」，完成首次出艙任務，這是第三個國家。

23　神舟七號奔太空

故宮國寶

一

故宮建造在明朝（註一）
收藏全都是國寶
中華文化五千年
也有史前的古考

二

八國聯軍破北京（註二）
燒殺劫掠似屠城
故宮國寶損失大
喪權辱國怪清廷

三

國共戰爭分二岸（註三）
國寶搬遷到台灣
珍藏管理科技化
中外專家都誇讚
開放觀光成景點
複製也能賣銀錢

九七、十、九

註一：北京故宮宮址興建於明成祖永樂四—十八年（西元一四〇六年）；收藏國寶始於民國十四年（西元一九二五年）。

註二：清光緒二十五年七月二十日，美、英、法、德、義、日、奧、俄八國聯軍入侵中國，直破北京，清廷戰敗，二十七年簽訂辛丑和約。

註三：一九四九（民國三十八）年，中華民國政府遷到台灣，將北京故宮珍藏也搬遷至台灣，即現在台北外雙溪故宮博物院。

25　故宮國寶

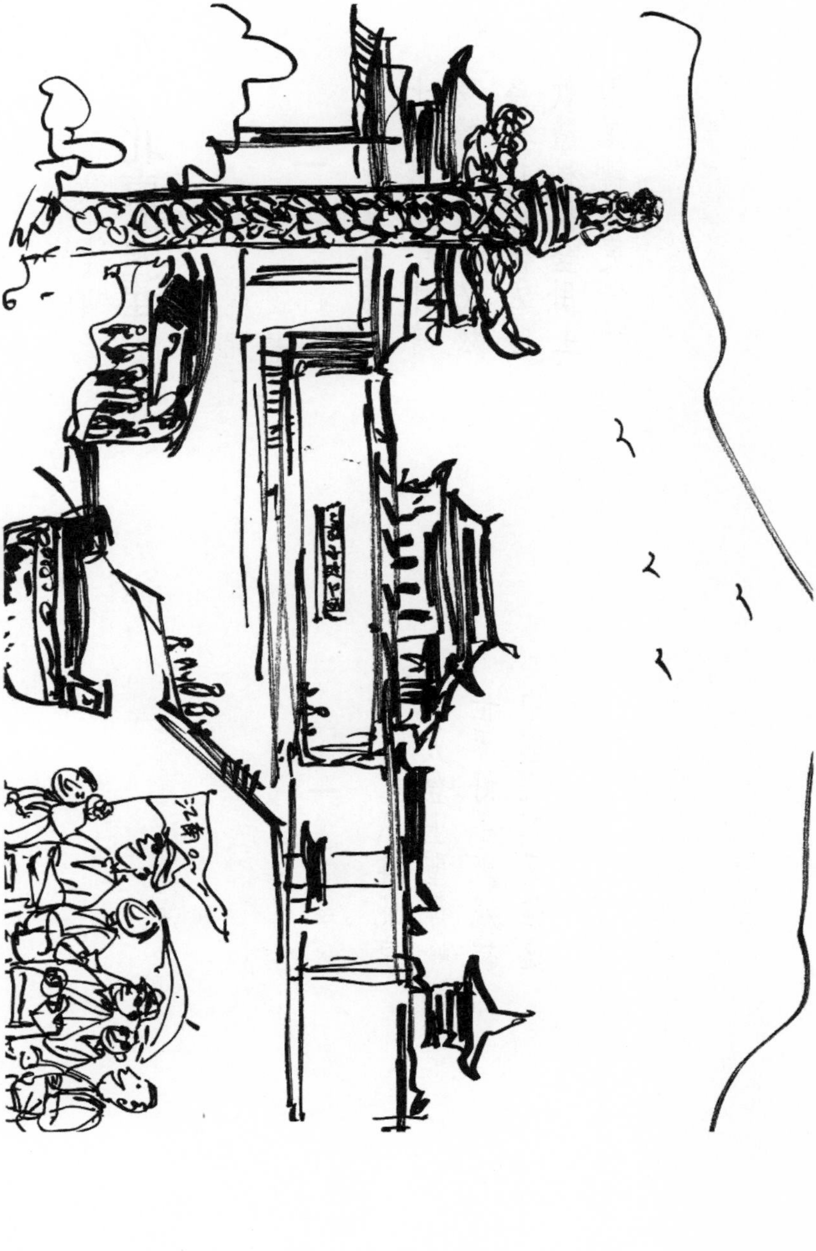

北京奧運

一

北京奧運氣魄大
十年籌備中外誇
硬體建築超又炫
鳥巢裡面萬人哈
軟體科技全用上
衛星轉播更驚呀

二

二〇〇八在北京
聖火登上聖母峰
世界好手來競技
中國崛起又強盛

九七、五、十一

27　北京奧運

四川大地震

一

地牛翻身有預兆
百萬蟾蜍傾出巢
科學專家未重視
強烈地震四川搖

二

芮氏規模七點八
地裂山崩屋倒塌
遍地哀嚎呼天救
生靈塗炭災難大

三

同胞死傷數十萬
人間悲劇正上演
兩岸三地手足情
出錢出力送溫暖

九七、五、十四

29　四川大地震

中國針灸

中國針灸真好用
千年傳統仍流行（註）
世界各國都來學
因為它能治百病

九六、十一、二三

註：一、針灸是中國人的智慧，已有幾千年的歷史，沒有被時代淘汰，那是它的醫療價值。
二、針灸療法有四大特點：1.操作簡便　2.療效快捷　3.適應症廣　4.節省藥物

31　中國針灸

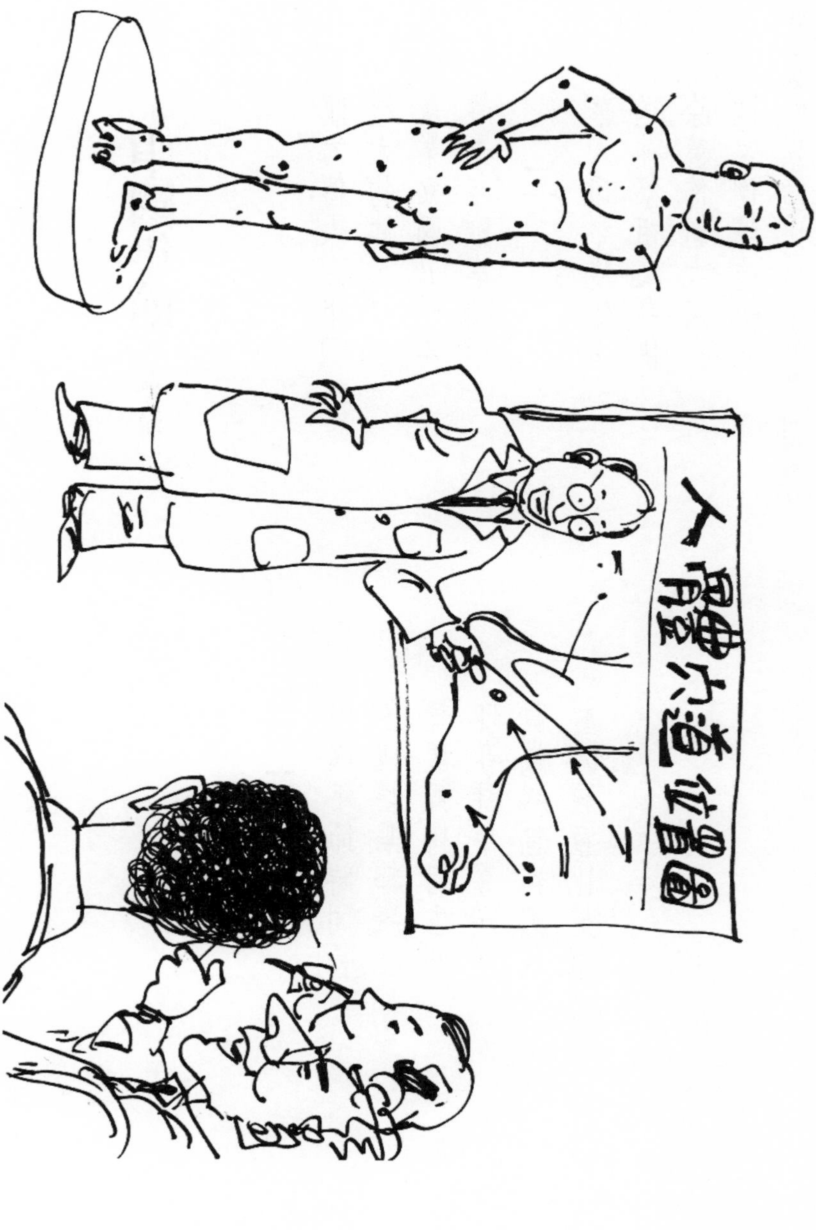

中國年節（春節）

一

龍的傳人在中國
地大物博人口多
農業立國五千年
趕走年獸享快活

二

華人過年規矩多
送神祭祖又拜佛
除舊佈新大清掃
闔家圍爐吃火煱

三

中國年節時間長
各種娛樂都瘋狂
舞龍舞獅討吉利
迎春拜年喜洋洋
賀歲紅包到處飛
藝人孩童比好康（註）

九七、六、三

註：台灣閩南話「好康」是指有好處，有優惠。

33　中國年節

端午節（註一）

一

屈原憂時寫離騷（註二）
勸諫楚王不討好
有志未伸投江死
湘民疼惜又懊惱

二

竹葉包米拋水裡
餵食魚蝦保遺體
愛國詩人風骨高
千古留芳成追憶

三

許仙素貞斷橋會（註三）
異類姻緣終凸槌
菖蒲雄黃驅邪毒
端午粽香多美味

九七、六、五

註一：春秋時代人們稱初一日初二日……為端一端二……。
註二：「離騷」為屈原長詩，敘述對國家的熱愛和悲憤。
註三：許仙，白素貞為「白蛇傳」劇中的男女主角。

35　端午節

中秋節

一

月逢中秋分外明
自古詩歌恒讚頌
嫦娥奔月中國篇
美人登月劃時空（註一）

二

元朝版圖跨歐亞
只對中國待遇差（註二）
漢人密謀殺韃子
中秋行動訂計劃（註三）
月餅餡內藏字條
全民起義復中華

九七、六、八

註一：美國太空人阿姆斯壯於一九六九年七月二十日登陸月球，是人類的一項創舉；因嫦娥回中國探親，兩人未能碰面。

註二：元朝統治中國時，蒙古人輕視中國人，把中國人列為第三和第四等國民。

註三：據民間傳說，元末革命領袖劉福通，將「八月十五殺韃子」字條藏在月餅中，約定所有中國人，於當晚夜半起義，所有蒙古人的「甲主」和他們的家族，都死在中國人的棍棒之下。

37　中秋節

萬里長城

一

千年建築萬里長
長城外面是胡邦（註一）
文明古國久矗立
人造衛星見光芒

二

氣勢雄偉稱地標
也是中國的驕傲
古時防禦外敵侵
今日觀光賺鈔票

九七、八、十八

註一：中國古代對長城外之異族，統稱爲胡人，即現代的蒙古人。

39　萬里長城

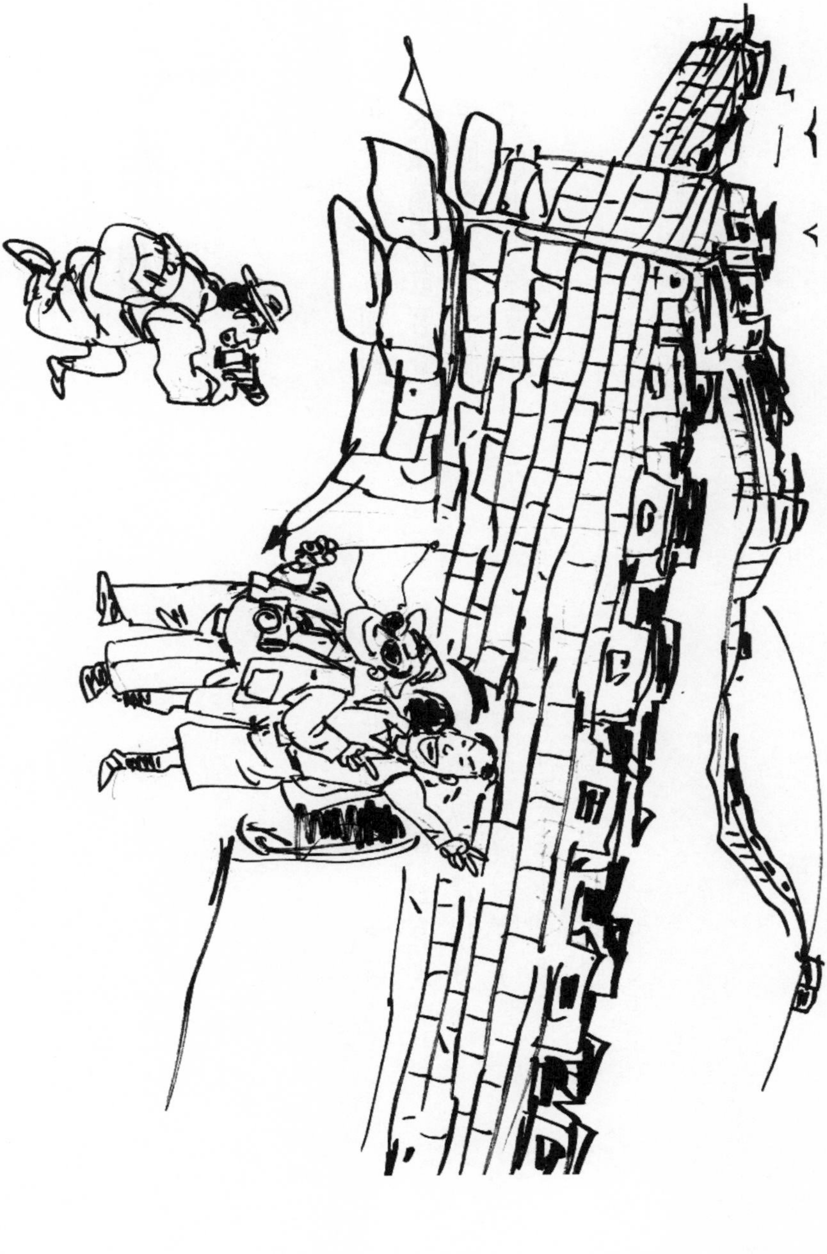

西湖

一

地大物博古國邦
長城萬里故宮香
中國景點萬千個
江南山水醉嚮往

二

世間仙境西湖春
朝日晚霞都宜人
旖旎風光情侶多
來此旅遊知古今
七世夫妻外一章（註）
悲劇收場空留恨

九七、十、十二

註：許仙、白素貞爲民間傳說故事，悲劇收場。

41　西　湖

阿里山

一

台灣有個阿里山
觀光聖地最耀眼
海拔標高二千五（註一）
搭乘火車繞山轉

二

山巒疊翠景緻好
雲海看日得起早
人間仙景不多得
一年四季聚人潮

九七、八、二十

註：阿里山系平均高度爲海拔 2500 公尺，其中大塔山海拔 2663 公尺，是台灣著名之觀光景點。

43 阿里山

日月潭

一

南投地標不是山
空中鳥瞰兩個潭
原民傳説是天賜（註）
取名日月不平凡

二

水清魚躍環山抱
兩潭相連風光好
一年四季遊客多
台灣景點領風騷

九七、六、二五

註：一、日月潭位於台灣南投縣魚池鄉，海拔748公尺。
二、據原住民邵族傳說，日月兩潭相連形如日月，是上天所賜。

45　日月潭

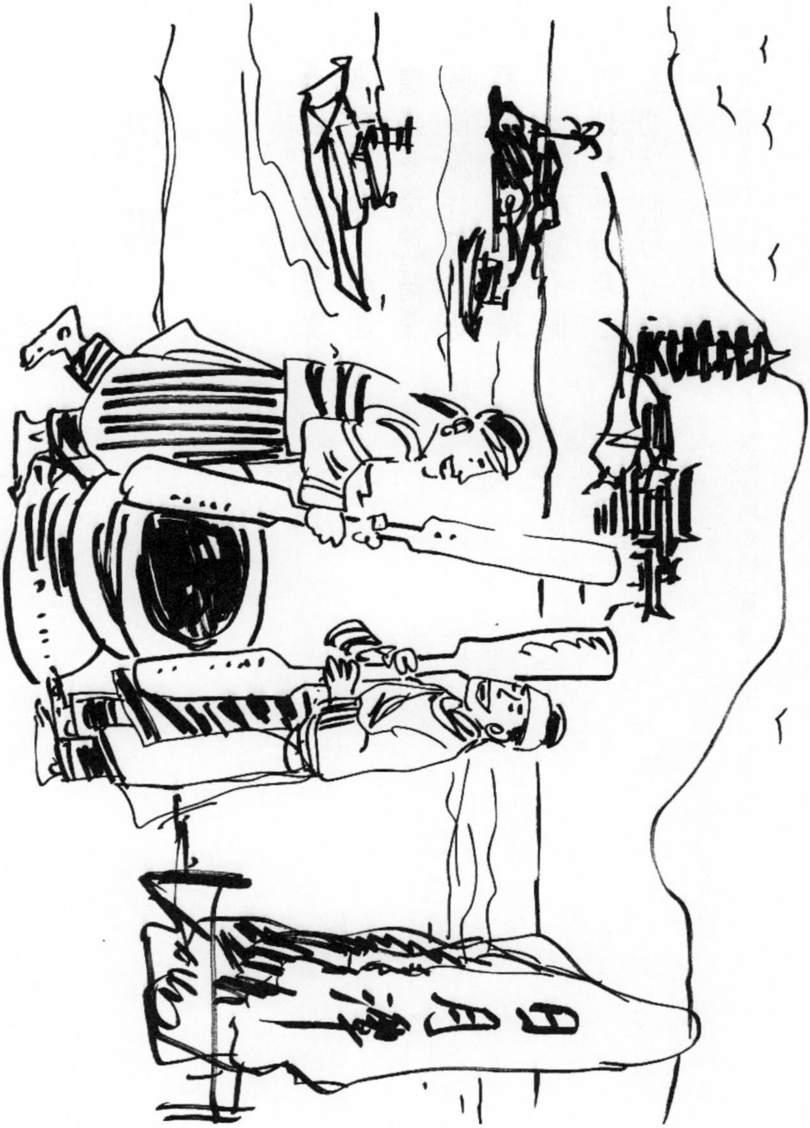

包二奶

台商登陸做買賣
多半成功笑顏開
賺錢身價就高漲
時尚流行包二奶（註）
原配一奶留台灣
子女讀書離不開
兩地相思情難耐
二奶功能巧安排

九七、六、二十

註：台商多半單身赴大陸經商，賺了錢，就養個紅粉知己在身邊，俗稱「包二奶」。

47　包二奶

貳、男女篇

Man and Woman

e世代男女

男歡女愛一條心
攜手同床也共枕
卿卿我我如夫妻
就是不談去結婚

九六、十一、十六

做愛也可以不必結婚～

異夢同床

一

同床異夢很平常
問題出在思想上
雖然睡在一張床
夢中情人各一方

二

異床同夢不尋常
深情相愛各一方
今夕分床二地睡
夢中也會一張床

九六、十二、九

53　異夢同床

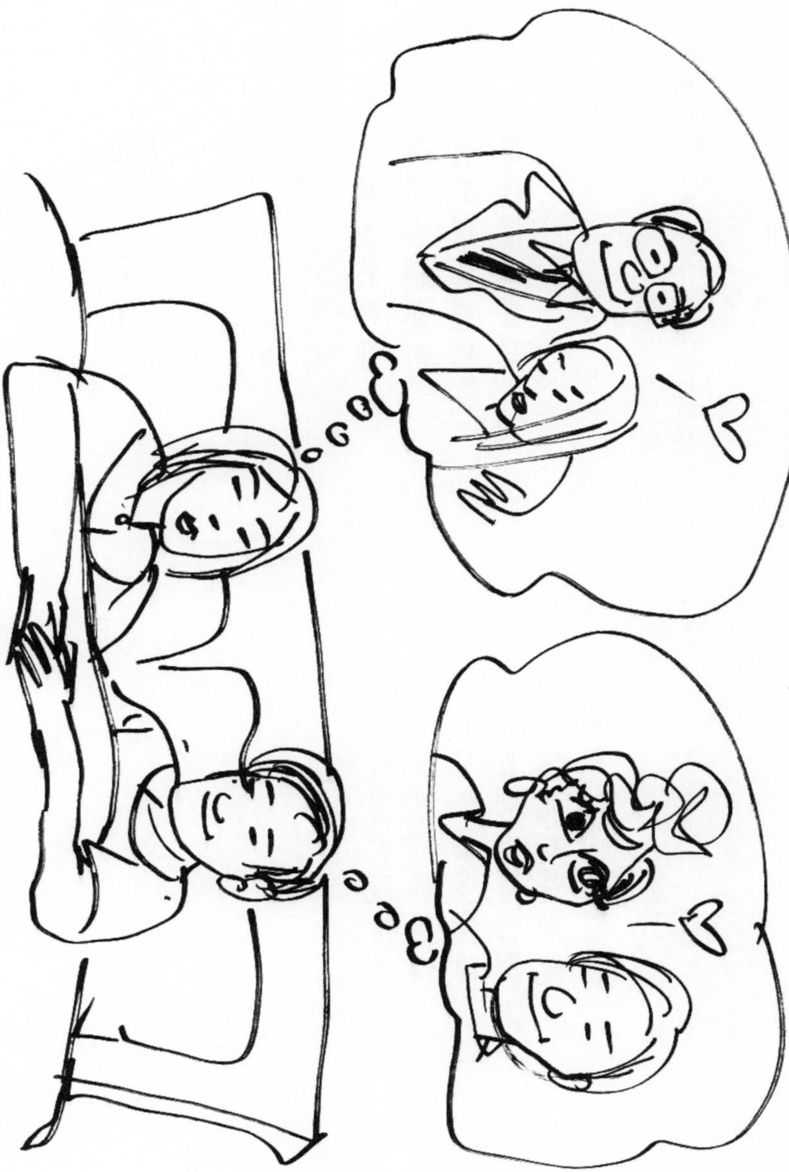

同志

一

同志類型許多種
志同道合搞革命
號召群眾裏盛舉
奪得政權享福榮

二

現代男女談情愛
年齡性別都無礙
昔日斷袖多隱諱（註）
今日同志可公開
法律允許是潮流
轟趴結婚任自在

九六、六、二三

註：古時所謂之「斷袖」，今日之「同性戀」。

55 同志

色狼

一

色字頭上有把刀
古今男人都知曉
祇因憐香又惜玉
前程生命皆可拋

二

狼性兇殘又奸巧
群居狩獵也單跑
喜腥嚐鮮尋芳蹤
各種美味牠都要
偽裝詐騙樣樣精
可別落單遭狼爪

九七、六、二五

57 色 狼

愛的守則

我想睡覺別來鬧
廁所大號莫干擾
高潮時間不言語
打牌輸了勿計較
四條守則要記得
陪你相愛活到老

九六、十一、二七

愛的守則
◎我想睡覺別來鬧
◎廁所大號莫干擾
◎高潮時間不說話
◎打牌輸了勿計較
好棒、好棒好棒～

頌美女

天下美女本就少
阿娜多姿面貌好
男人為她動干戈
不如用錢去擁抱

九六、十一、二六

61　頌美女

一根扁擔

一

一根扁擔兩肩抬
二老下田去種菜
同甘共苦有收獲
退而不休好自在

二

夫妻本是同林鳥
那當事兒已很少
若不健身去勞動
怎能百歲活到老

九六、十二、十二

63　一根扁擔

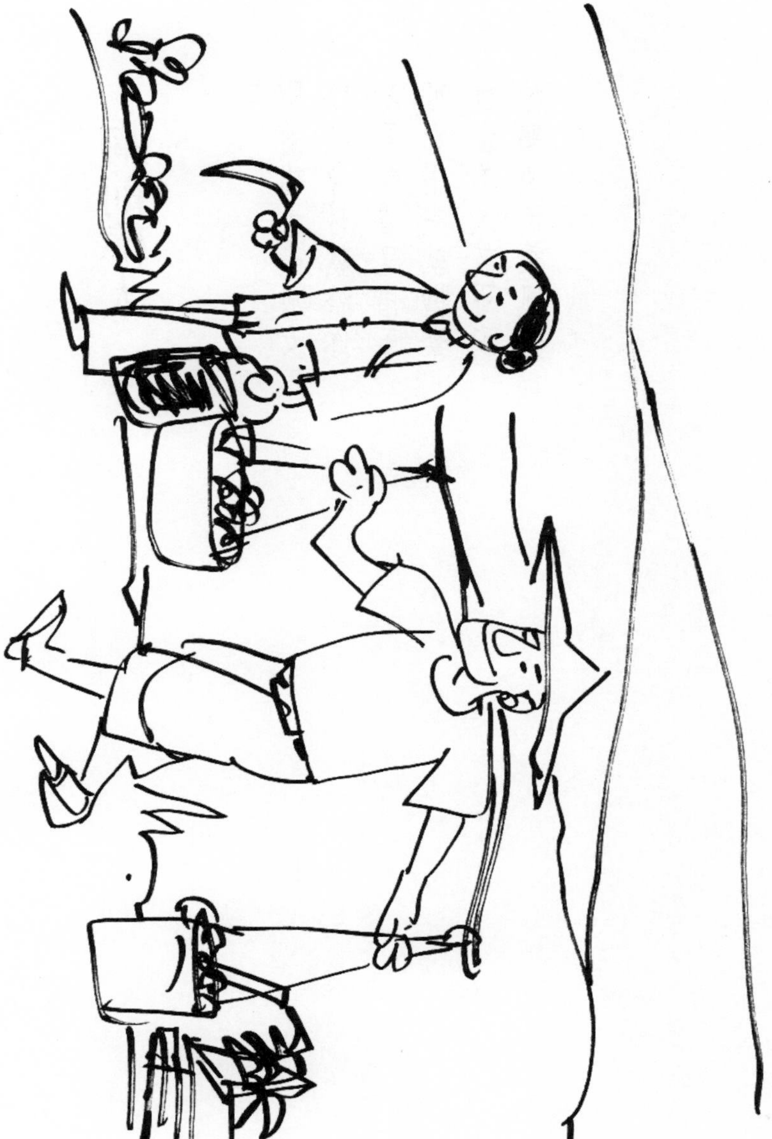

胸前偉大

胸前偉大豪放女
玲瓏身材獻給你
盼君珍香又惜玉
可別用完就拋棄
自古美人英雄配
神鵰俠侶乘風騎

九六、十二、四

65　胸前偉大

叄、教育篇 Educations

教育失敗

現在教育真失敗
部長言行頂奇怪
國會殿堂呼呼睡
不務正業瞎亂掰
教師學生怎看待
上樑不正下樑歪

九六、十二、七

教育部長
三隻小豬。

小學老師

小學老師了不起
民族幼苗交給你
四維八德要先教
啓蒙教育奠根基
任重道遠莫懈怠
免得日後出問題

九六、十二、四

民族幼苗

國中老師

人說英雄出少年
這個階段師要嚴
血氣方剛不好管
德智體群要實踐
若是任由他發展
後悔之日也不遠

九六、十二、四

73　國中老師

高中老師

青年守則十二條
高中老師必須教
半數志向已選定
你要從旁多輔導
三綱五常不能少
國家棟樑要起跑

九六、十二、四

75　高中老師

大學教授

一

大學教育想辦好
教授素質頂重要
學生心智已成熟
不可草率把他教

二

專才教育貴在精
國家進步不能等
莫讓學生混文憑
愧對社會和校東

九六、十二、六

77　大學教授

肆、宗教篇 Religions

廟宇&膜拜

一

台灣廟宇特別多
大小超過一萬個（註一）
虔誠信眾數百萬
求神祈福避災禍

二

傳統信仰數千年
燒香焚紙保平安
男女老少都膜拜
媽祖關公最靈驗

九七、五、五

註一：國家圖書館二〇〇六年統計：台灣大小廟宇共有 11,573 個。（道教 87.5%，佛教 19.5%）

81　廟宇&膜拜

牧師

一

牧師勸人信耶穌
因為祂是救世主
懺悔寬恕加博愛
虔誠禱告好信徒

二

牧師多數守教規
也有極少是敗類
七情六慾人之常
出規上帝會降罪

九七、五、二二

83 牧 師

教皇

最小國度梵蒂岡
裡面住個大教皇
子民遍佈五大洲
無遠弗居他最夯
信眾偶像是聖母
修女神父少瘋狂

九七、五、二四

85 教皇

道士

一

道教傳世數千年
卜卦煉丹道士專
鍾魁捉鬼很神奇
八仙過海笑人間

二

道教原產在中國
修身養性還不錯
裝神弄鬼幾分真
奉勸世人多斟酌

九七、五、二三

87 道士

一貫道

一

一貫道親是個啥
基督儒道是一家
釋回信眾是兄弟
以一貫之不排他

二

起源東北二前人（註一）
傳來台灣多艱困（註二）
慈悲心懷傳三寶（註三）
濟癲彌勒渡世人

九七、六、二一

註一：民國三十九年高金澄與柳人漢兩位前人，由安東省經南韓輾轉來到台灣，將道的種子散播於寶島。

註二：一貫道在台灣歷經折磨，吃盡苦頭，高前人曾因傳道，遭治安機關監禁百日。經過近四十年發展，信眾已達數百萬人，民國七十七年政府核准成立「中華民國一貫道總會」。

註三：三寶是一貫道弟子修持作為的法門，也是最根本、最直接、最簡單的修行方法。

89　一貫道

和尚也瘋狂

一

自古和尚有清規
戒煙戒色也戒醉
清心寡慾常念佛
普渡眾生西方歸

二

現代和尚不尋常
思想進步行為夯
萬千當中一走樣
酒色財氣都要嚐（註）
世俗眼光怎看待
法師主持徒感傷

九七、五、十七

註：宗教內少數敗類，在世界各國都有發生行爲失檢事件，人不能原諒，神總會包容。

91　和尚也瘋狂

伍、傳說篇（其他）Legends

二〇一〇世界足球大賽

一

足球大賽在南非
五洲精銳都赴會
三十二強踢循環
優勝劣敗看是誰

二

個個自信是強隊
臨場意外多突槌
英法大軍先失利
義美敗仗提早歸

三

教練心痛球迷罵
誤判犯規他裝傻（註一）
足球場上拼輸贏
看台場外聊八卦

四

八強晉級四強賽
非洲南美多淘汰
巫巫茲拉已聲小（註二）
章魚預言心向外（註三）

五

本屆比賽怪事多
魔咒預言難突破
西荷對決爭冠軍
無敵艦隊金杯握（註四）

九九、七、十二

註一：足球場面積大、球員多，視線上有死角，主審裁判怎麼判決是受尊重的。

註二：「巫巫茲拉」是南非特有的加油喇叭。

註三：德國水族館章魚 Paul，是本屆足球大賽的預言家，神準非凡。在預言四強比賽德國與西班牙之戰時，牠選擇了西班牙，引起萬千球迷的驚訝。

註四：西元一五四五—一五六〇年，西班牙海軍艦隊稱霸世界，有「無敵艦隊」之美譽。

97　二○一○世界足球大賽

蓬萊仙島

一

蓬萊古稱是仙島（註一）
秦漢王朝早知曉
始皇欲求不老丹
徐福銜命去尋找

二

童男童女各五佰
軍隊百工也徵來
團隊人馬乘浪去
移民面紗才揭開

三

仙島原是凡塵地
蠻荒部落紛割據
徐福精明謀略高
遠交近攻又化夷

四

神武天皇真英武
統一建朝定京都
勵精圖治建邦國
典章制度襲中土（註二）

九七、四、十

註一：中國秦朝所稱「東海仙山」即今日之「日本國」。
註二：日本之典章制度完全承襲中國，尤以孝德天皇的「文化改革」最具代表性（中國人史綱六二九－六三〇頁）。

99　蓬萊仙島

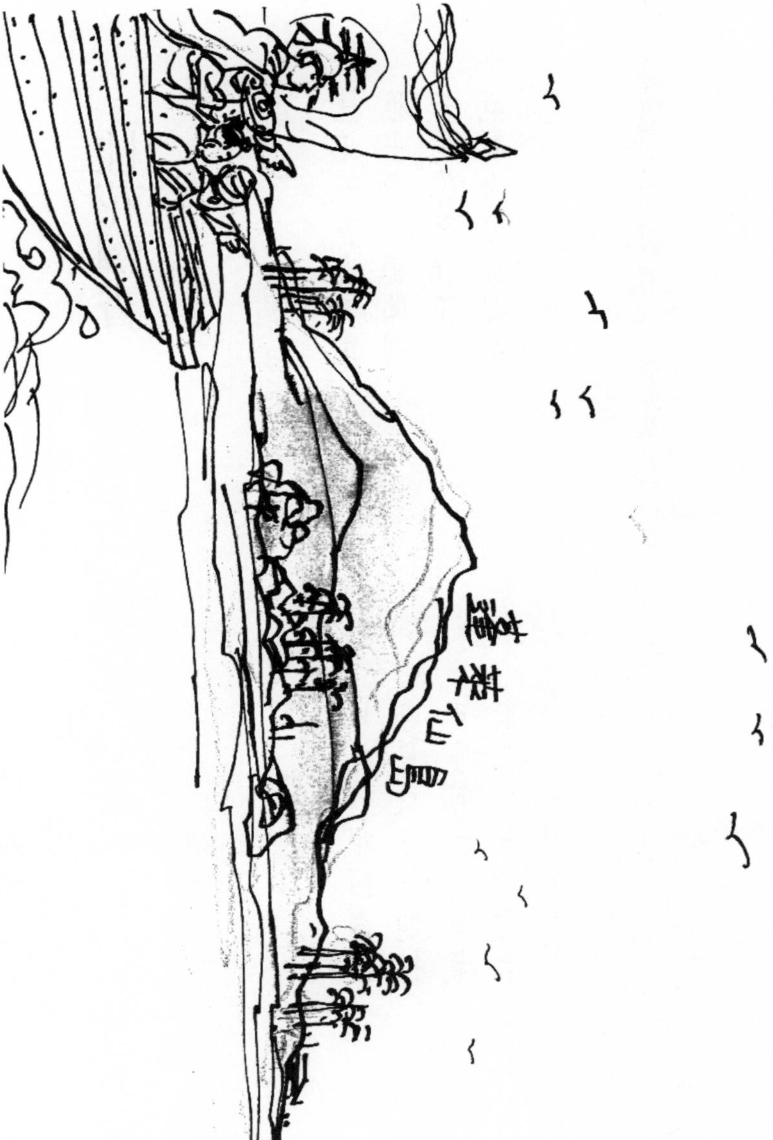

桂花飄香

一

桂花芳香隨風飄
雅士貴人都聞到
若是你來桂花園
氣質身分會提高

二

桂花一年四季開
春夏秋冬都能摘
可賞可食有貴氣
蔣氏父子最愛栽（註）

九七、五、一三

註：先總統蔣介石、蔣經國父子生前最喜愛栽植桂花。

101　桂花飄香

蒼天捉弄台灣人（傳說）

一

阿扁天生九個膽
貧苦出身志向遠
從政路上花招多
得了大位本性現
知法玩法又犯法
貪婪財富落深淵

二

馬家獨子生來帥
明星面貌人人愛
猶柔寡斷少氣魄
生涯規劃父安排
從政路上機緣好
當上總統民調衰

三

一個奸巧一個笨
百姓受苦都得忍
扁、馬組合一騙字
蒼天捉弄台灣人（註）

註：台灣藍、綠政黨惡鬥二十多年，這是二〇〇八年總統大選之後，中間選民的一種心聲，也是玩笑話，無政治意涵。

九七、十、十

103　蒼天捉弄台灣人

悼王龍雄輓聯

龍雄同學你好走
駕鶴騰雲西方修
人間歲月夢一場
來生有緣再聚首

九七、五、二九

105　悼王龍雄輓聯

憶好友

一

同窗四載謝定華
外柔內剛才氣大
一年紀輕輕就著書
個旅客遭禁查（註一）

二

魅力超強人緣好
酒肉朋友輪流邀
一日三餐不離酒
女性粉絲不能少

三

熱衷電影做編導
思想前衛技巧高
景氣不佳市場冷
懷才不遇生煩惱

四

香煙繚繞日三包（註二）
病魔入侵不知曉
驟然臥床爬不起
親朋好友嚇一跳
瀟灑人生走一回
阿彌陀佛同哀悼（註三）

九七、八、二三

註一：「一個旅客的話」爲謝的第一本大作。
註二：謝先生每日吸「長壽」煙三包，因肺癌逝世，享年五十八歲，對「長壽」煙害是個諷刺。
註三：謝先生自幼即隨母皈依爲佛教徒。

107　憶好友

看照片說故事

老舊照片新回憶
有無彩色都是你
若是秀出來分享
故事精彩又歡喜

九六、十一、十五

大難不死

一

大難不死有後福
家人親友都賀祝
積善人家多餘慶
也是幸運的祝福

二

輪迴人生數十年
生老病死苦連連
積善積德要及時
今生來世會對現

九七、六、二十

111　大難不死

別把絕活帶上天

一

自古奇人本不多
大半絕活藏被窩
自家功夫不傳世
嗚呼哀哉惜奈何

二

現代文明不簡單
世界各國緊相連
獨門功夫應廣傳
別把絕活帶上天

九九、七、十六

註：本首標題〈別把絕活帶上天〉已申請專利，禁止盜用、製作影視節目。

千人方城戰

一

千人方城去作戰（註）
高手雲集在台灣
不留血也不出汗
全憑智慧來撈錢

二

中國傳統數千年
這種賭局很普遍
貧富老少都喜歡
可別貪心敗家產

九六、十二、十八

註：二〇〇七年（民國九十六年）台灣主辦第二屆世界麻將大賽。

115　千人方城戰

球賽

一

球類比賽種類多
球員個個有絕活
計分規則雖不同
勝負目標祇一個

二

球隊人數雖有異
集訓各自定紀律
教練領軍又督陣

輸贏還得靠運氣

三

觀眾加油有目標
賽前多半商量好
裁判執法要公正
偏差誤判起風暴
各種比賽都刺激
強身團結又熱鬧

九六、十二、十八

117 球　賽

陸、人性篇 Human Nature

孝順兒女

一

古代兒女養爹娘
一日三省奉茶湯（註）
二十四孝感動天
孝子孝女美名揚

註：每日三次向父母請安，並侍奉餐飲。

二

今日爹娘養兒女
努力賺錢拼經濟
龍子鳳女如皇帝
做牛扮馬還嫌棄

九九、六、二十

121　孝順兒女

在家吃父母

一

世間怪病真夠多
可別隨便綁架我
愛滋腫瘤都有救
就是懶散沒藥活

二

天生我來身段高
工作機會難尋找
吃喝玩樂家裏蹲
父母淚泣也難拋

九七、八、三十

老爸.老媽.
我要永遠做你們的
心肝寶貝.陪伴你們倆。

啃老族

一

年紀輕輕身體好
父母心中是個寶
同學讀書他玩耍
看似聰明實草包

二

不學無術家裡蹲
爹娘老本供他啃
親友勸他謀生計
吱唔閃躲還罵人

三

蹉跎歲月時日久
同輩個個有成就
春夏秋冬年年過
父母衰老為他愁

四

天不怕呀地不怕
忌諱別人議論他
擇惡固執已定型
只等遺產度餘生

九九、十二、三

125　啃老族

甘願坐牢

一

自古犯罪要坐牢
現在可別那樣瞧
民生疾苦沒頭路
進去還可混個飽

二

昔日犯罪要落跑
官兵強盜都辛勞
現在社會生了病
窮人甘願去坐牢（註）

九九、十二、二二

註：九十六年十二月二十二日中國時報（台灣希望——人民心聲）。

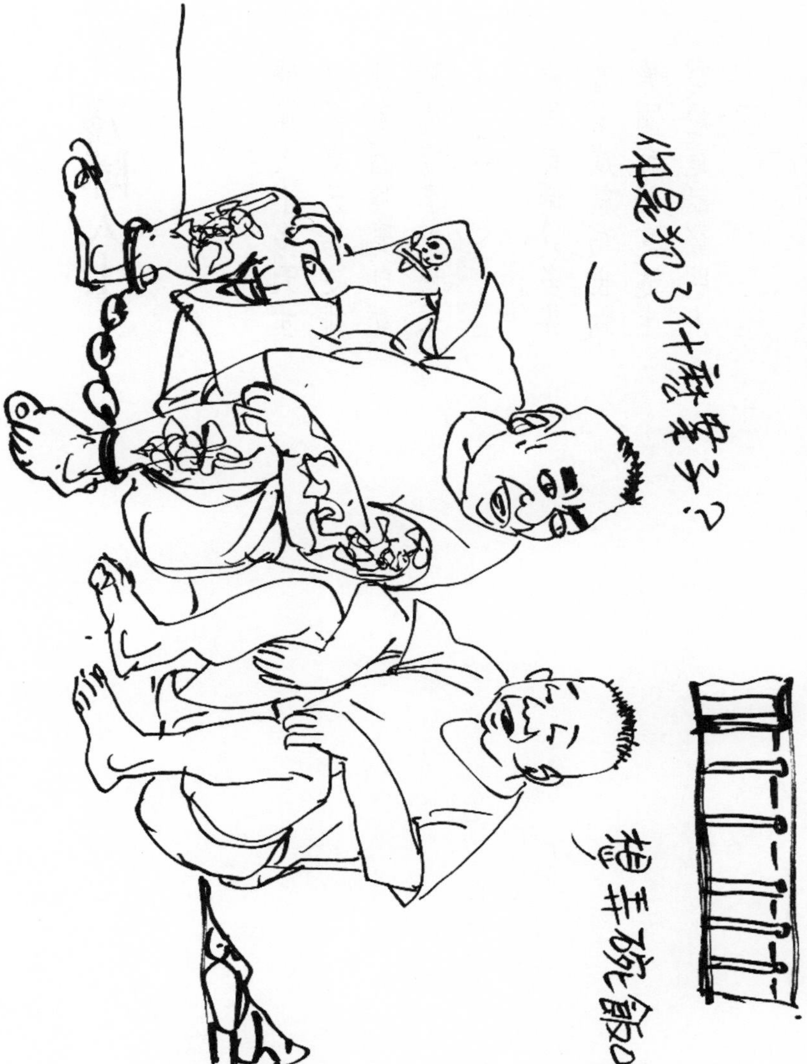
你是犯了什麼案子?
想弄碗飯吃。

殘障人士

一

殘障人士多天才
別怪老天錯安排
發奮圖強要自立
職場揚名好風采

二

德國有個貝多芬
音樂成就萬世欽
美國有個愛迪生
電燈電話發明人

九六、十二、三

129　殘障人士

小丑

一

舞台上小丑是寶
演技精湛逗人笑
政治上小丑是鳥（ㄉㄧㄠˇ）
貪婪腐敗瞎胡搞

二

民生凋蔽怨四起
他們無能照顧你
八年執政沒成績
醜陋面目暴無遺

九六、十一、二四

131 小丑

街友的尊嚴

一

日日年年都得閒
不愁吃來不愁穿
我行我素勿要管
可別傷害俺尊嚴

二

不求天也不求地
誰敢笑我沒出息
有朝一日財神到
酒池肉林任你取

九六、十二、三

133　街友的尊嚴

身段

生涯轉換半邊天
有人容易有人難
若是你肯調身段
大路就在你面前

九六、十二、十一

糊塗

一

難得糊塗是正常
板橋幽默詩傳香（註）
故作糊塗小聰明
被人識破臉無光
聰明一世也糊塗
十之八九老年郎

二

老來糊塗也正常
丟東忘西怪模樣
生理退化無藥治
親友可要多擔當

九七、六、二一

註：清朝著名畫家鄭燮，又名板橋，爲揚州八怪之一，其幽默詩篇「難得糊塗」，流傳後世，令人玩味。

難得糊塗

古稀年歲

人生七十古來稀
如今科技創奇蹟
壽命原本百二十
期盼你我要珍惜

九六、十一、二十

139　古稀年歲

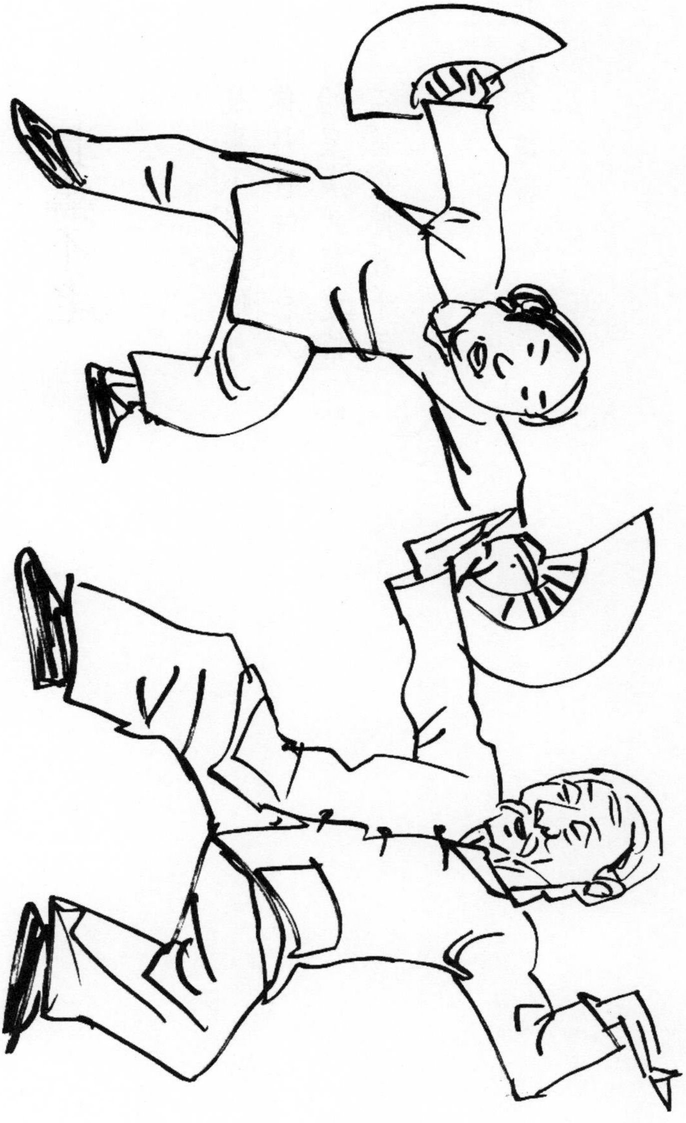

長壽不老

長壽不老無仙丹
你拜菩薩他求天
始皇漢武超迷信（註）
空留遺憾數千年

九六、十、二一

註：秦始皇、漢武帝。

141　長壽不老

生老病死

生

人伴著哭聲降臨
帶來了家族喜訊
富貴貧賤沒得選
一切註定是命運

老

酸甜苦辣都嚐過
健康長壽多快活
祇因器官功能衰
英雄豪傑又奈何

病

疾病分類很多種
大小疼痛不能等
自古多少遺憾事
都因病重送了命

死

現代醫藥頂昌明
急救開刀保性命
彭祖八百也會死
神仙之路夢難成

九七、三、八

143　生老病死

婆媳之間

自古婆媳難相處
這是人性的紀錄
婆婆強悍媳婦苦
媳婦忤逆婆婆哭
兒子中間難為人
最好分開各自住

九七、六、十八

山城小鎮祖打孫

一

山城小鎮祖打孫
哭喊求救驚路人
察問是否家暴事
阿嬤怒目心如焚

二

行為偏激不檢點
騙東騙西到處竄
青春年少嚴管教
免得日後討人嫌

九六、十一、三十

147　山城小鎮祖打孫

柒、自由職業篇 Free Lance

新聞記者

一

媒體記者本事大
上山下海都不怕
世界各國任你去
只怕官員說謊話

二

這個行業品格高
言論公正頂重要
冒險犯難搶新聞
小心意外把命拋

九六、十一、三十

151　新聞記者

電視名嘴

一

電視名嘴學問大
天南地北說大話
立場公正評時政
政客貪官都咬牙（害怕）

二

電視名嘴要用功
專業知識需精通
可別胡謅又亂掰
醜惡心態沒人懂

九七、五、二八

政論節目

星光大道

一

美國文化領風騷
加州有條星光道
電影明星有成就
留下指印顯榮耀

二

西風東吹越洋飄
台灣也開星光道（註）
酷男辣妹夯演技
飆歌飆舞送歡笑

九七、四、三十

註：台灣之「星光大道」為電視節目名稱。

155　星光大道

明星

一

明星本是泊來品（註）
這個名詞真迷人
演藝行業無國界
粉絲瘋狂要接近

二

天生條件很重要
專業培養不可少
媒體廣告捧人紅
成名之後身價高

九七、五、二五

註：movie star（電影明星）一詞，出於廿世紀好萊塢電影圈，風靡全球，令人羨慕。

157 明 星

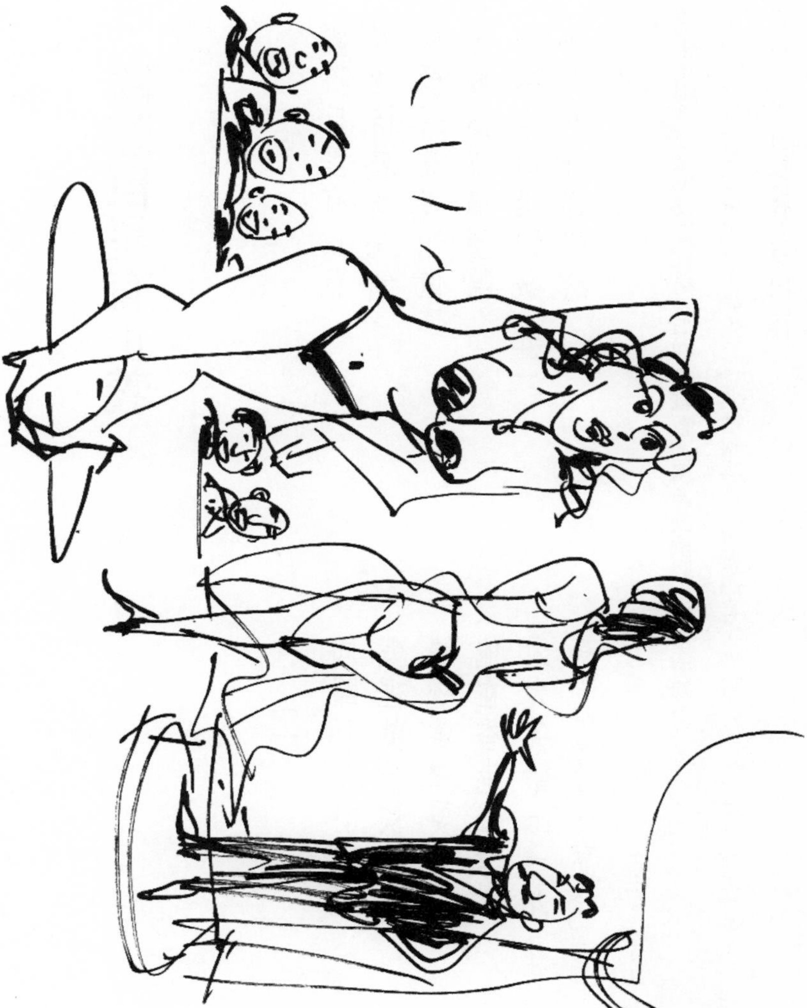

國際巨星有正義

一

國際巨星有正義
演技精湛高人氣
扶弱濟貧帶頭做
慈善公益佈國際
李察吉爾挺西藏（註一）
藏民喇嘛都感激

二

國際巨星有成龍
戲裡戲外俠骨風
總統選舉耍奸巧
他在香港發嗆聲
天大笑話三一九（註二）
惹惱綠營一窩蜂

九七、六、十七

註一：李察吉爾為好萊塢國際紅星，信仰喇嘛教，為西藏爭取人權不遺餘力。

註二：二〇〇四年台灣選舉總統，發生三一九槍擊事件，震驚中外，輿論譁然，成龍在香港嗆聲：「這是天大的笑話」……引起綠營反感與討伐。

159　國際巨星有正義

街頭藝人

一

街頭藝人才藝高
彈唱素描也耍寶
慈善公益獻熱心
老少歡喜博君笑

二

這類藝人志氣高
不分族群世界跑
自力更生又救人
笑傲貪官樂逍遙

九七、六、十九

161　街頭藝人

名醫vs病患

一

醫院名醫身價高
病患排隊搶掛號
政商名流先預約
草草診斷就開刀

二

八十名醫曾中風（註）
賺錢行業不放鬆
一日看診上百人
精神恍惚夢周公

九七、三、十五

註：九十七年三月四日聯合報頭版新聞。

163　名醫 VS 病患

空中小姐

一

身材窈窕面貌好
坐上飛機衝雲霄
世界各國到處跑
只是執照太難考

二

長腿妹妹外語好
服務親切帶微笑
低聲試問幾年級
臉紅害羞媚眼拋

九六、十二、九

165　空中小姐

俏護士

醫院護士多俏麗
三班輪流少歇息
門診急診病房跑
男女關係難建立
借問大妹何日嫁
搖頭苦笑沒脾氣

九六、十二、四

167　俏護士

理髮小姐

一

玲瓏身段帶微笑
技藝精湛更重要
如果上門來光顧
保證讓你看個飽

二

剪燙洗染樣樣通
甜美笑容嬌柔聲
若是酬金加小費
你會高興到不行

九六、十二、二

169　理髮小姐

檳榔西施

檳榔西施長得美
櫻桃小口翹大腿
只要掏錢上門買
管他你我還是誰
別嫌穿著衣服少
警察巡邏也陶醉

九六、十二、四

171　檳榔西施

舞女

一

舞池彩燈超炫耀
音符隨著光影跳
男男女女擁又抱
忘掉今日的煩惱

二

舞國佳麗多風騷
氣質媚力都重要
富商舞客擲千金
手腕不高撈不到

九七、十、十一

律師

一

律師職業很崇高
法律條文要記牢
伸張正義護人權
打擊犯罪社會好

二

律師ＥＱ比人高
操守道德頂重要
若是從政耍奸巧
政客小人都當道

九七、五、二一

公正嚴明
伸張正義
律師

應召女郎

一

應召女郎價位高
智利有個這樣寶（註）
義賣濟貧鮮少見
天涯海角真難找

二

皮肉行業本辛苦
各類男人都得賭
可別歧視來看待
品格勝過官貪污

九六、十一、三十

註：九十六年十一月三十日，中國時報國際版刊載：南美智利一名高級應召女郎，響應電視募款活動，將連續二十七小時工作所得，全部捐給慈善機構，救助貧病兒童。

177　應召女郎

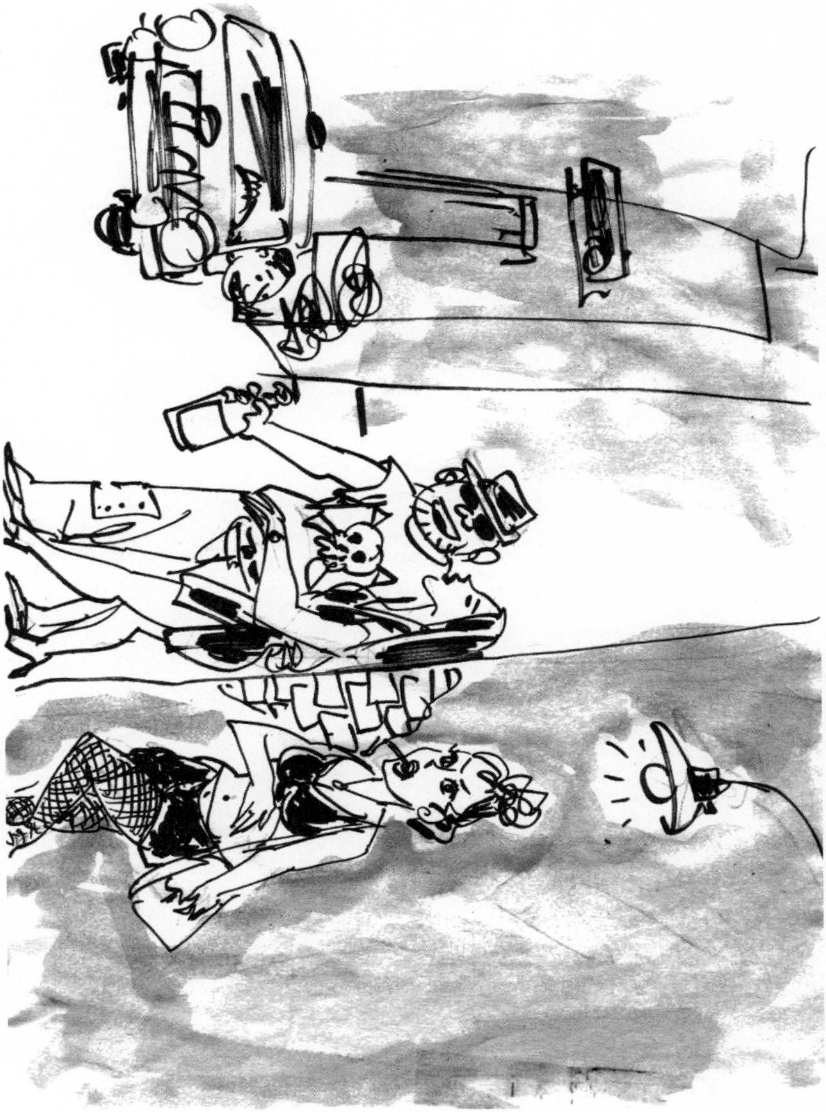

捌、社會篇 Societies

榮民

一

台稱榮民老ㄛˊㄚˋ（芋頭）
十幾二十離開家
剿匪抗日為愛國
建設台灣也參加
軍旅生涯數十年
娶妻ㄏㄢˊㄐㄧˋ（地瓜）笑哈哈

二

單身榮民住榮家（註）
生活照顧也不差
兩岸遊走渡餘年
國家供養少牽掛

九九、八、三十

註：（一）民國五十五年五月五日，立法院通過國軍退除役官兵輔導條例，經總統頒布施行，凡符合此條例者，通稱「榮譽國民」，又簡稱「榮民」。
（二）「榮民之家」隸屬於行政院國軍退輔會，全台共有十四個，專供單身榮民居住，就養、就醫及生活照顧，全由國家負擔。

181 榮 民

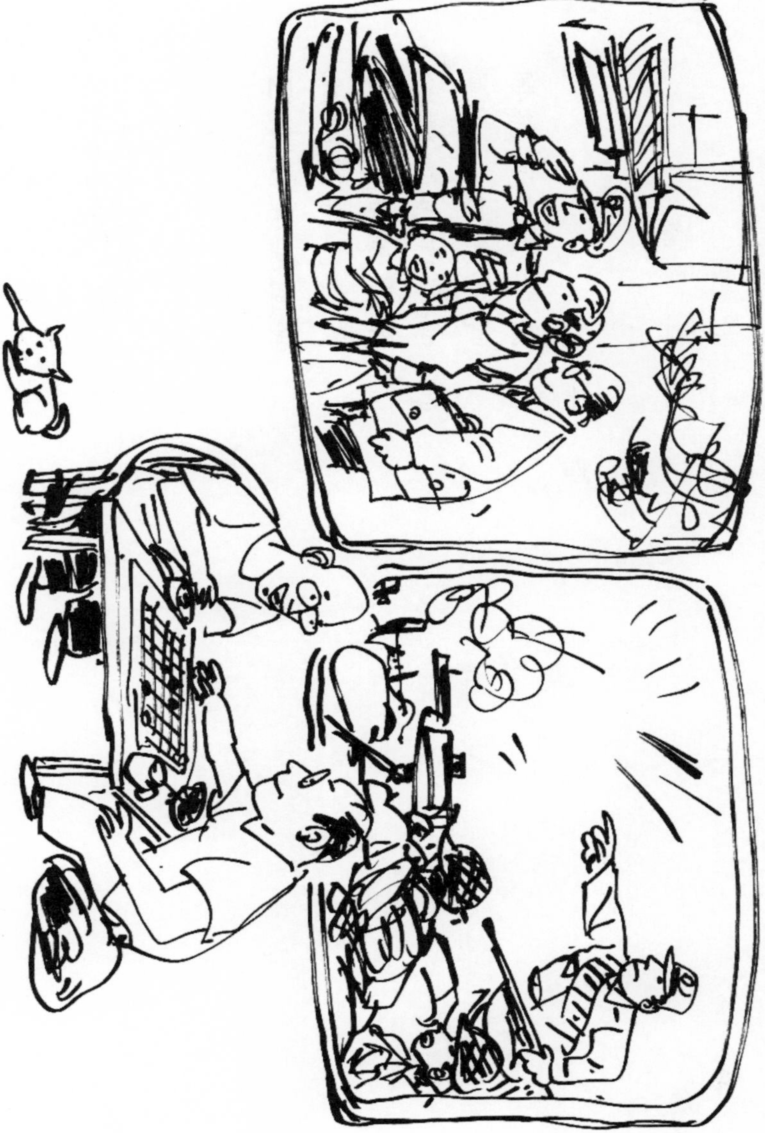

M型社會

M型社會是個啥
貧富差距已拉大
中產階級漸消失
多數人民苦哈哈
高官貪婪無法管
等待何日去討伐

九六、十二、四

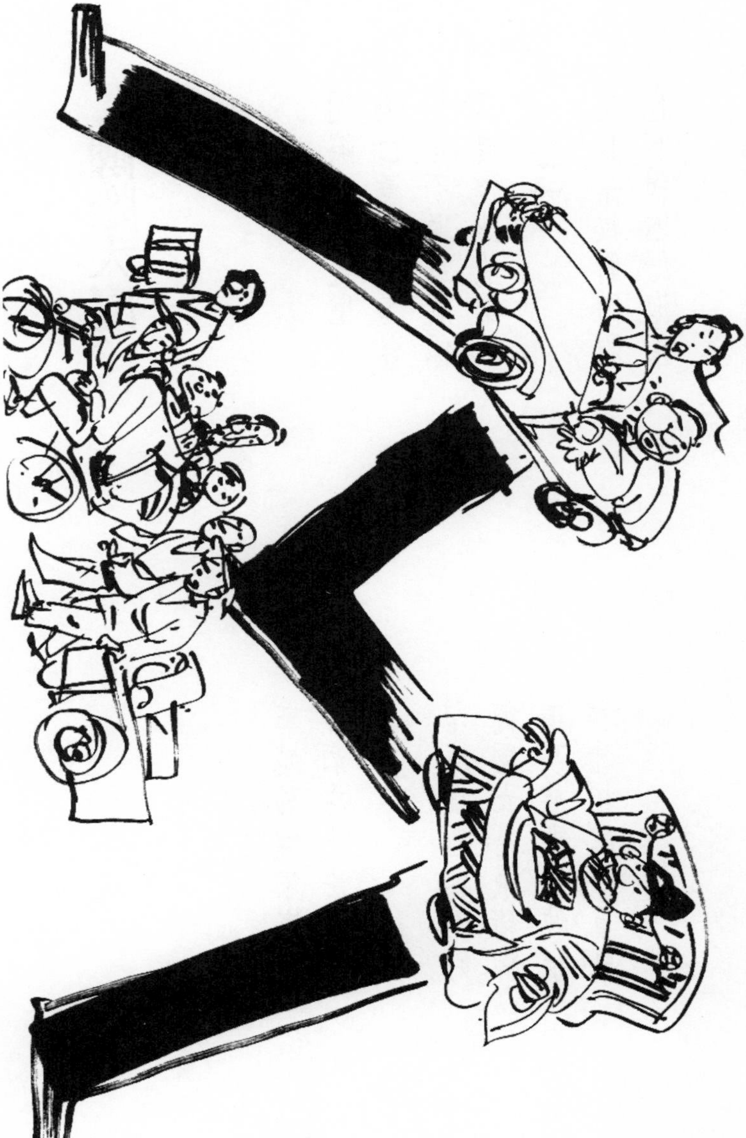

國際大廈

一

國際大廈人種多（註）
黑白黃褐全集合
語言不通沒關係
只要彼此能樂活

二

美日學校對街開
也有韓國好泡菜

三

菲越外傭家家有
洋酒在此法人賣
印度咖哩餐館好
德國女婿燉豬腳
這裏族群沒歧視
和睦相處最重要

九六、十二、三

註：此處所指國際大廈，位於台北市士林區，天母西路圓環旁。

185　國際大廈

美國速食

一

美國速食麥當勞（MCDONADLS）
世界各處領風騷
魚肉油炸脆又香
吃過的人都知道

二

腰圍變粗血脂高
老人常吃更不妙
先進國家已少食
貧窮地區吃不到

九七、二、九

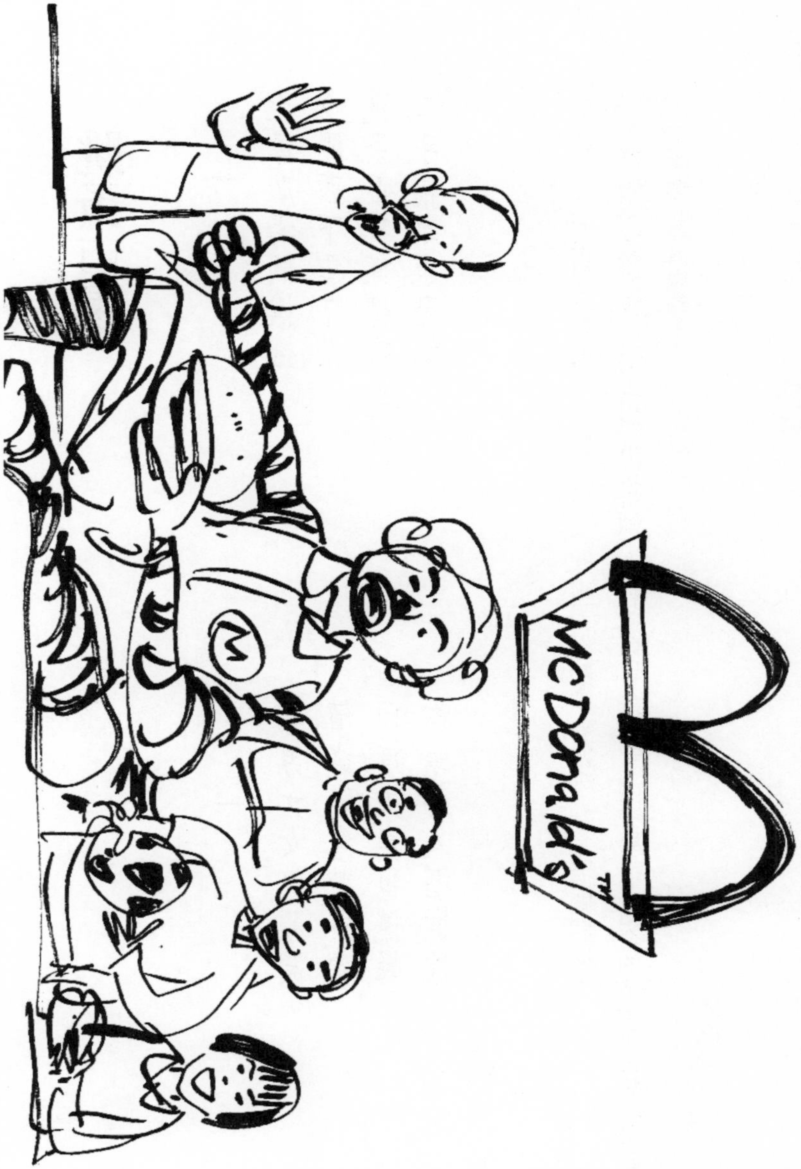
McDonald's

跳蚤市場

一

天母廣場熙攘攘
夕陽西下雲茫茫
跳蚤百貨樣樣有（註）
二手轎車也登場

二

男男女女笑顏開
價錢滿意就買賣
印度夫妻也擺攤
街頭藝人唱開懷

九七、五、二四

註：（一）二〇〇八年世界金融海嘯，衝擊台灣，台北市天母商圈，有四分之一店面關門歇業。
（二）天母商圈發展協會，在唐笛理事長帶領下，利用假日在廣場，開發與二手結合的多元化市集，帶動了商圈的經濟復甦。

189 跳蚤市場

同學會

一

同學聚會笑哈哈
華髮重聽視力差
畢業已逾數十載
有些滿口是假牙

二

桌上美酒加咖啡
只能淺嚐不宜醉
飯後餘興唱老歌
問君可想活百歲

九六、十二、五

191　同學會

計程車司機

一

計程司機名運將
自食其力入了行
童叟無欺都搭載
大街小巷日夜忙

二

可別說我錢好賺
個中也有俺辛酸
春夏秋冬沒休假
只為生活混口飯

九七、二、二三

193　計程車司機

公車駕駛

公車大哥你是誰
專心駕駛跑來回
南北東西站站停
可別累了打瞌睡

九六、十二、一

195　公車駕駛

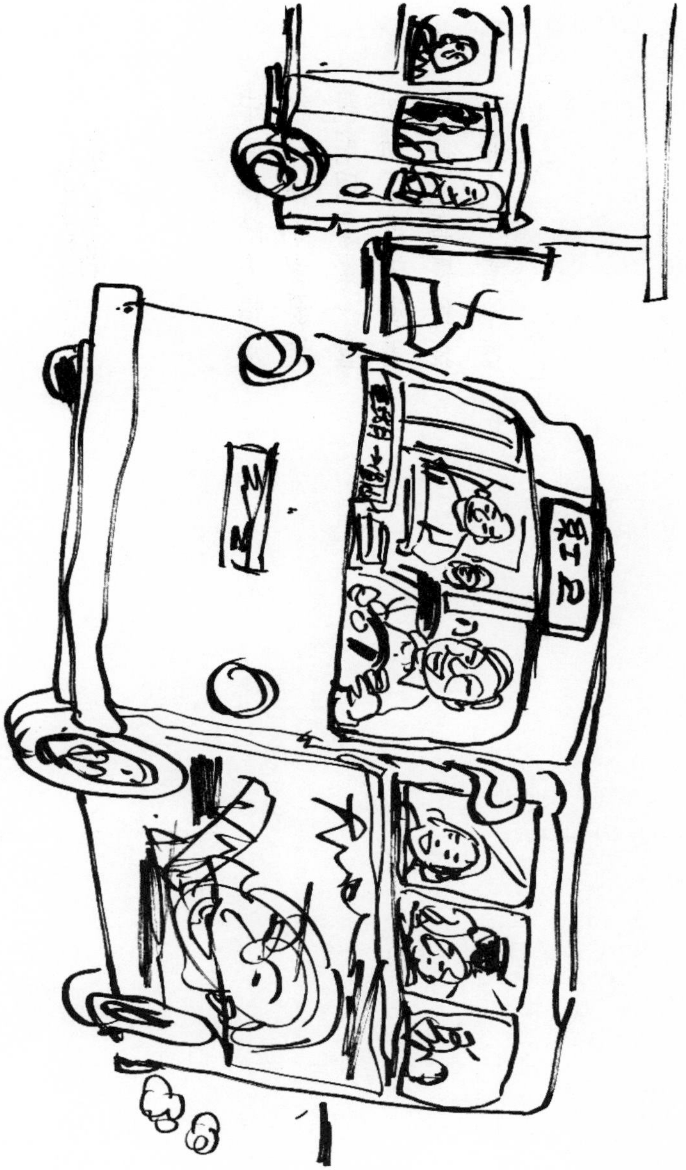

紅白帖

中國傳統人情濃
紅白帖子都要送
親朋同學聚一堂
互助互惠禮重重
喜宴把酒喪致哀
外籍人士看不懂

九七、五、二五

197　紅白帖

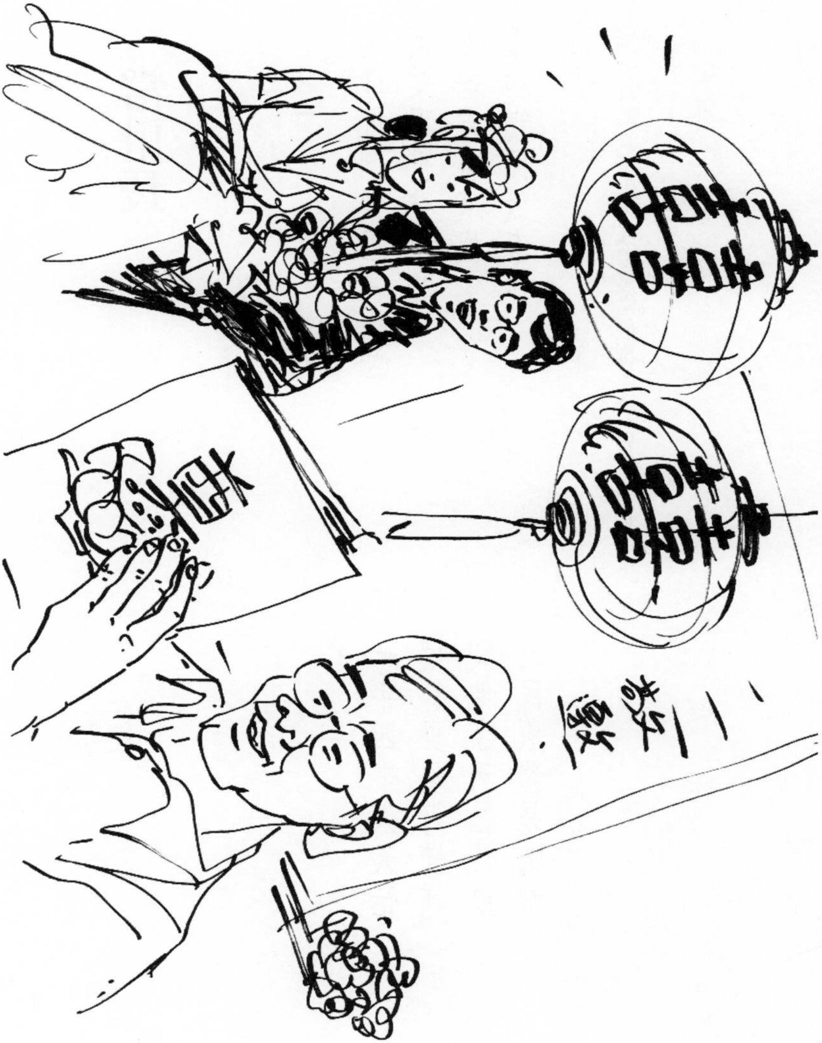

常里長

一

天母有個常里長（註）
伯樂再世精力旺
你若有事來找他
謙和親民效率棒

二

一年四季天天忙
模範里長好榜樣
問他今天忙什麼
為民服務是家常

九六、十二、十七

註：台北市士林區天玉里現任里長常伯謙，爲台北市模範里長。

199 常里長

北港肉焿

一

北港肉焿口味好
台灣美食都知曉
青年男女偏愛吃
老闆迎客帶微笑

二

天母分店得真傳
古法潮流都要兼
外籍訪客來嚐鮮
生意興隆又積善

九七、五、三十

201　北港肉焿

外籍新娘

一

台灣男人生來帥
本土姑娘他不愛
透過仲介出國找
不管膚色黑或白

二

外籍新娘娶回家
父母滿意鄰居誇

三

生兒育女如心願
闔家歡樂笑哈哈
外籍新娘多勤勞
相夫教子一肩挑
不要喜新又厭舊
知足常樂有福報

九六、十二、六

203　外籍新娘

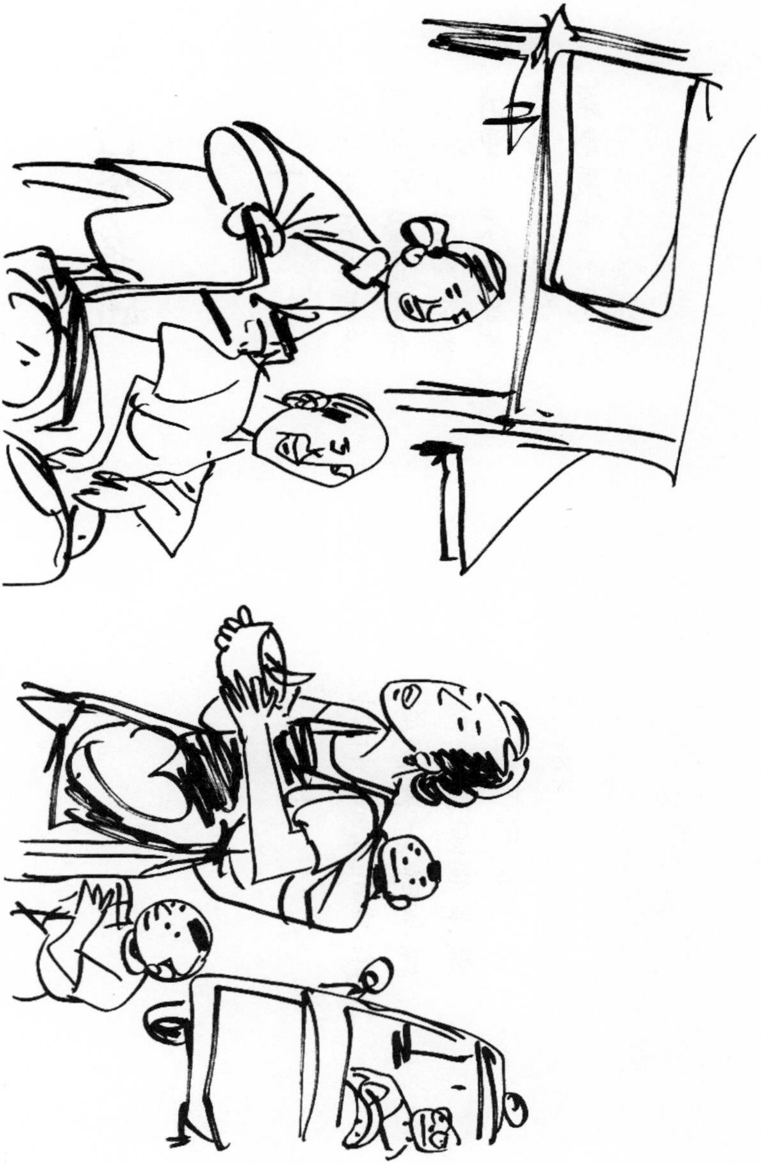

百年老店

一

百年老店規模小
傳統手藝很環保
食品沒有添加物
消費大眾最喜好
藝品製造要科技
原創風味不能跑

二

百年老店生意好
遠來客人當尋寶
良心商譽要兼顧
可別降價搞促銷

九七、七、十五

205　百年老店

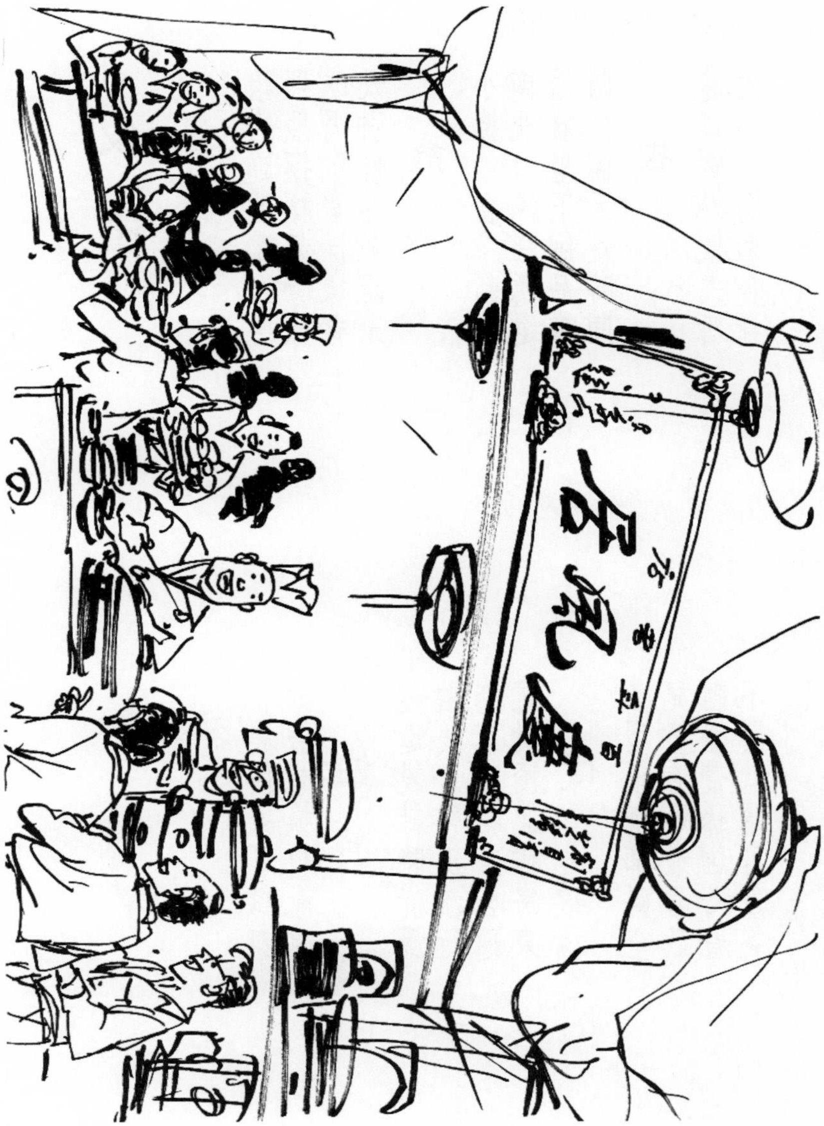

夜市

燈火通明萬家香
熙熙攘攘好景象
吃喝玩樂樣樣有
吸引世界來觀光

食

小攤飲食多新鮮
南北口味任意選
請君坐下細品嚐
陪您聊天沒時間

衣

進口質料款式新
大小尺碼都合身
物美價廉可試穿
如假包換也亂真

住

建造設計時尚風
歐美日韓正流行
您家寵物若合適
銀貨兩訖作房東

行

各型車輛都齊全
兒童看了最喜歡
阿嬤帶孫細心看
不買就閙可沒完

九六、十二、七

207 夜市

復健病房

一

現代社會多匆忙
內外壓力無法擋
老年疾病提前來
復健醫療到處夯

二

台北榮總設備好
醫護人員素質高

三

病患排隊來就診
立竿見影有療效
五一病房照顧好
視病猶親見得到
病患家屬都感佩
南丁格爾常微笑

九七、八、十五

五一病房

惡鄰

一

世間惡鄰到處有
惡言惡行像瘋狗
欺侮鄰居成習性
惹人討厭還記仇

二

台北有條大瘋狗
蟑頭鼠目心底醜
胸襟狹窄氣量小
侵擾老人加詛咒
左鄰右舍同譴責
心態邪惡會斷後

九八、二、二十

名醫手術開錯腳

當今醫學變了調
不信人腦信電腦
右腳有病要手術
不開右腳開左腳

九九、七、十五

註：九十九年七月台灣某醫學中心，外科名醫手術烏龍事件，衛生署長楊志良震怒，並下令查辦。

213　名醫手術開錯腳

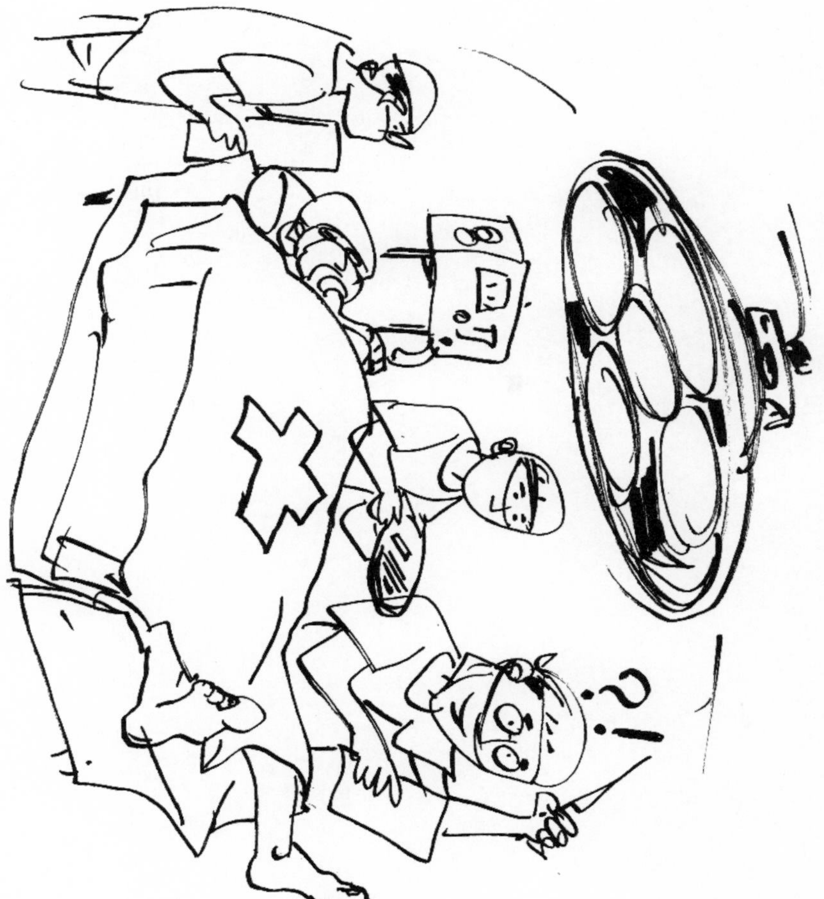

玖、感時篇 Reflections

國會亂象

一

民主社會很可貴
國會殿堂有法規
少數服從多數決
可別動粗誰打誰

二

民主法治源希臘（註一）
英美先進都效法
自由民權有保障
民富國強世人誇

三

台灣國會落差大（註二）
審議法案常打架
多數軟弱少數鬧
國際輿論醜笑話

九九、七、十二

註一：民主政治——發源於古希臘的城邦時代，其發展經過西元一二一五年英王頒佈的大憲章，一七七六年美國的獨立宣言及一七八九年法國大革命的人權和公民宣言，而至今日的完善制度。

註二：台灣國會——立法院，因爲在野與執政兩黨激烈對抗，比歐美正常國會落差很大。

217　國會亂象

今昔司法大不同

一

台灣司法大震盪
黑錢攻破法院牆（註一）
執法犯法惹民怨
貪婪法官沒肩膀

二

開封有個包青天
大公無私辨忠奸
皇親庶民等看待（註二）
名垂青史數千年

九九、七、五

註一：九十九年七月十五日聯合報頭版新聞。
註二：包青天爲民間傳奇人物，在執法辦案時，不分皇親、庶民同等對待，有罪治罪。

219　今昔司法大不同

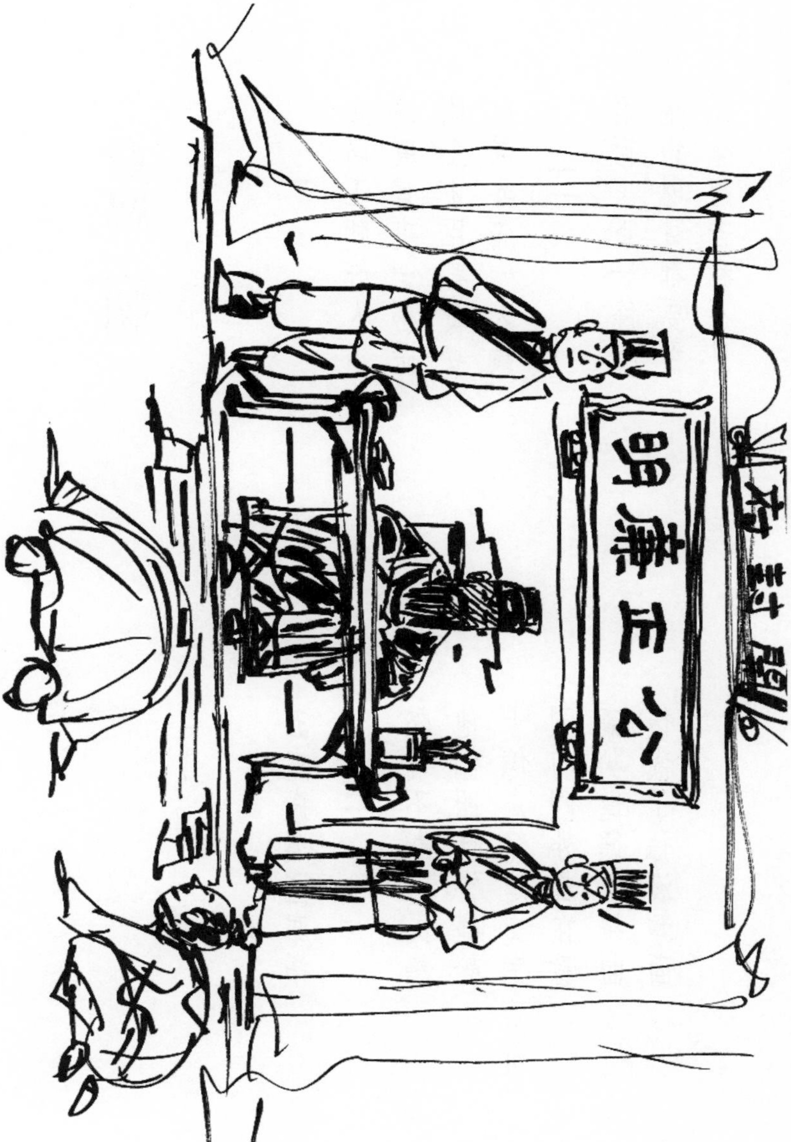

貪腐王朝

一

貪腐王朝奸人多
清廉官吏一小撮
國王重臣都貪婪
鼠屎弄滿一大鍋

二

君臣上下一條心
金銀財寶都要吞
民生疾苦看不見

三

五鬼搬運國庫損
弊端不斷惹民怨
他們照樣蠻橫幹
十億烏龍建交案（巴紐）
國內國外都在看
廉恥道德全扭曲
後代子孫沒顏面

九七、五、六

一窩貪……

貪污腐敗

貪污腐敗真糟糕
國庫錢財入荷包
人民痛苦指數高
這些狗官照逍遙

九七、十二、十三

223　貪污腐敗

寶島悲歌之一

一

台灣原本是寶島
一群妖魔胡亂搞
經濟不好治安差
多數百姓難溫飽

二

民主口號掛嘴邊
目的全在騙選票
二顆子彈奧步多（註）
政權到手誰奈何

九六、十一、二五

註：（一）「奧步」即弄假、欺騙的爛招，台灣每逢選舉，政客常用各種「奧步」，以取得勝選。
（二）二〇〇四年（民國九十三年）總統選舉，某候選人利用二顆子彈贏得政權，也就是震驚國內外的三一九槍擊笑案。

民主

寶島悲歌之二

一

台灣往日可真好
豐衣足食人人傲
可惜政客掌了權
百姓福祉拋雲霄

二

投河跳樓去尋短
官員照吃三井宴（註）
半數人民沒頭路
他們裝作沒看見

三

悲歌上演已八年
如今還想來戒嚴
重返獨裁路不遠
祗恨沒有法律管
企盼紅衫軍再起
推翻貪腐重見天

註：「三井」爲台北市著名的日式餐廳，設備豪華（有包廂、具隱密性），價格昂貴，是政商名流餐敘、利益交換、買官、行賄的場所。

九六、十二、二

227 寶島悲歌之二

奪權

一

古代奪權要拼命
世界各國多相同
刀槍浴血爭勝負
坐上皇位享尊榮

二

今日奪權靠選票
票櫃乾坤知多少
政客賄選奧步多
得了大位奈何我
享受尊榮還貪污
人民死活他不顧

九六、十二、十九

明君 vs 昏君

一

君君臣臣一條心
勵精圖治為人民
納糧繳稅養明君
國泰民安幸福臨

二

君君臣臣一條心
貪污腐化為個人

三

民脂民膏養昏君
貧苦大眾怪罪神
一朝天子一朝臣
中外古今都依循
改朝換代平常事
睜大眼睛要看準

九七、五、十五

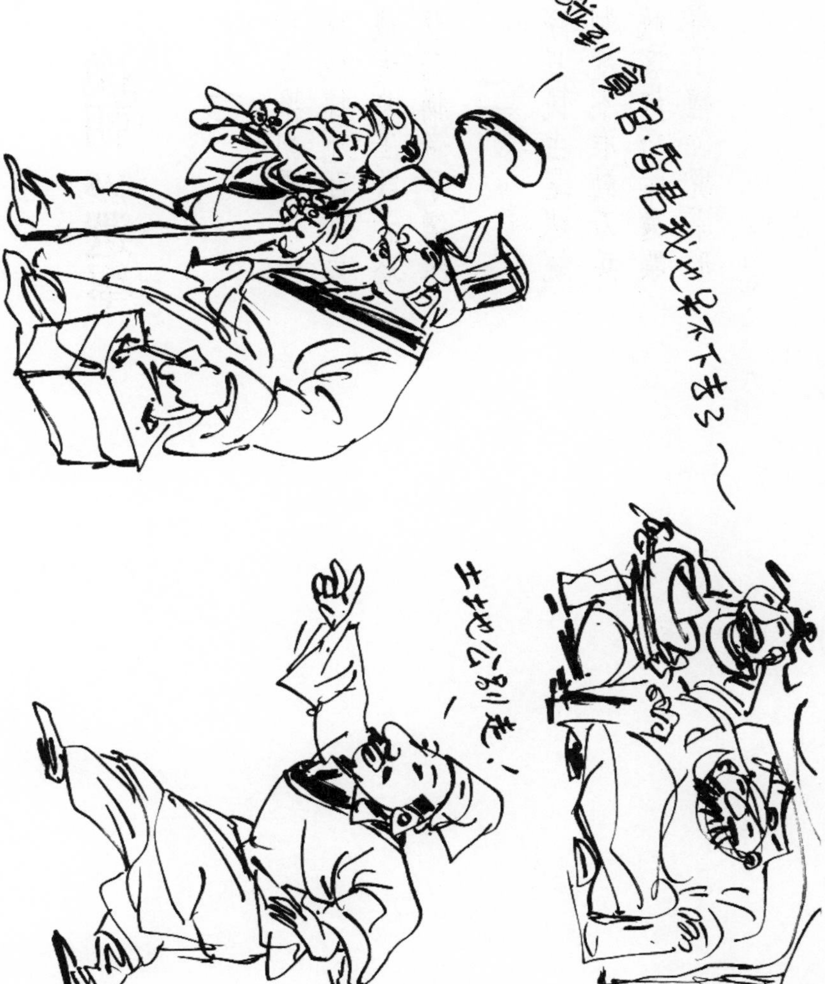

換朝 VS 選舉

一

自古換朝要拼命
攻城掠地百萬兵
成者為王敗者寇
登基稱帝子繼承

二

今日民主選總統
制度不准動刀兵
政客奸巧騙選票
得了權位現原形

九七、二、八

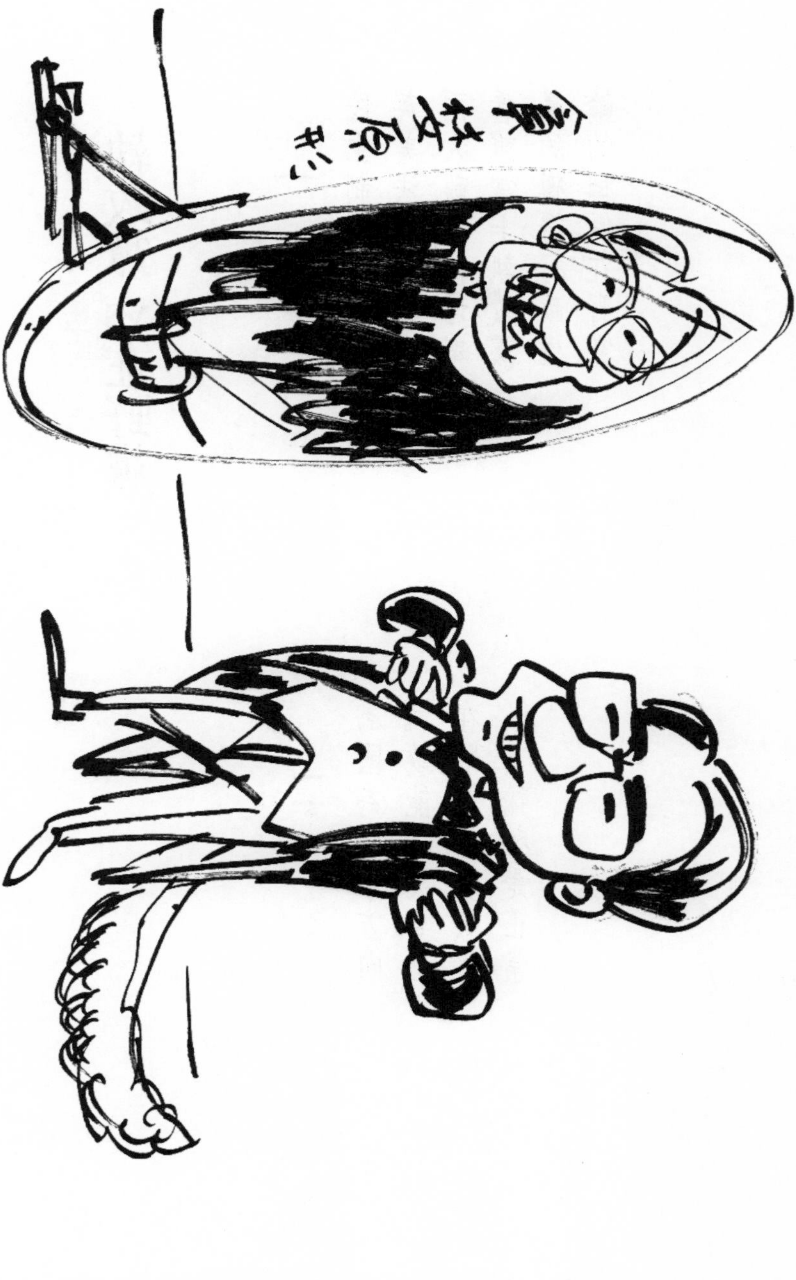

執政黨 vs 在野黨

一

民主制度好榜樣
英美法德最敢當
兩大政黨拼選舉
看誰當上執政黨
贏的獲得行政權
輸的稱做在野黨

二

為國為民掌方向
執政能力更要強
在野監督要嚴格
政黨輪替是正常

235 執政黨 vs 在野黨

前朝遺臣

一

前朝遺臣本就少
中外歷史也難找
若是換代不換朝
輔佐新君是塊寶
若是朝代同時換
遺臣風骨才崇高

二

南宋有個文天祥
元朝官位換他降
硬頸手寫正氣歌
留取丹心萬古芳

三

明末出個吳三桂
清兵入關是原罪
只為圓圓事二主（註）
到老後悔又怪誰

四

當今王朝很奇怪
非改朝呀非換代
前朝遺臣多留用
風骨名詞早不在

九七、十二、七

註：陳圓圓，爲明朝末年大將軍吳三桂的愛妾，闖王李自成入京後，將陳圓圓連同吳的父親一起虜走，吳震怒，爲了營救親人而引清兵入關。

聘書
明志
事明君……

政客沒風骨

一

政客短視沒遠見
非為官位即為錢
巧言令色騙選票
一朝得志雞飛天

二

利慾薰心沒風骨
民生疾苦他不顧
知法犯法要權術
醜行惡狀全暴露

九七、一、四

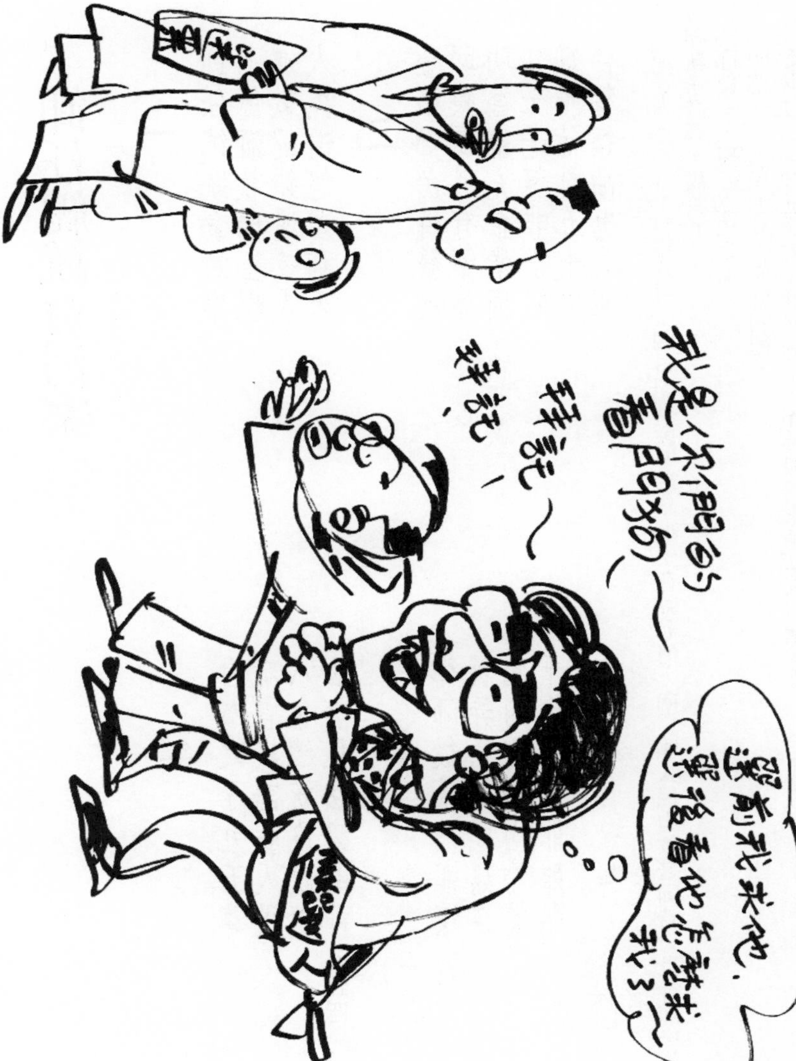
選前我求他，
選後看他怎麼求我了~
我是你們的看門狗~
拜託~！
拜託、

卸任總統貪污案

一

卸任總統貪污案
七億滙款瑞士現
道歉認錯還咬人（註一）
人民憤怒罵翻天

二

金山一角待發展
邱毅爆料有續篇（註二）
明德補充企業捐（註三）
二十七億非上限
媒體估計五十億
台獨領袖也心寒

三

台灣之子九五尊
謊言謊語騙人民
八年總統沒政績
貪婪枉法變財神（註四）

四

律師從政被寵壞
玩弄法律民無奈
國內震驚國外笑
千古污名罪難開

九七、八、十七

註一：「還咬人」，九十七年八月十四日記者會，坦承瑞士存款七億，向全國人民道歉之同時，批評前後任二位總統李登輝、馬英九。
註二：「邱毅」，現任立法委員。
註三：「明德」，前民進黨主席施明德。
註四：「變財神」，神通廣大，理財高手，如神般的累積個人財富。

官商勾結

官商勾結連體嬰
東西分開貪不成
芝麻小利他不要
目標全在大工程
民脂民膏飽私囊
昔日貧户變大亨

九九、八、十五

243 官商勾結

這是一本幽默、風趣及詩、畫對照的好書，
看了會給你帶來歡笑和智慧。

This is a humorous and entertaining book with poems and pictures that will bring you joyous laughter and wisdom.

國家圖書館出版品預行編目資料

詩說浮世百態＝Poems Reflect the Ever Changing World / 蘭觀生著, 唐健風繪圖 -- 初版. -- 臺北市：文史哲, 99.10
頁： 公分. --（文史哲詩叢；93）
ISBN 978-957-549-929-7(平裝)

851.486 99019362

文史哲詩叢 93

詩說浮世百態

Poems Reflect the Ever Changing World

著者：蘭觀生
繪圖者：唐健風
出版者：文史哲出版社
http://www.lapen.com.tw
e-mail：lapen@ms74.hinet.net
記證字號：行政院新聞局版臺業字五三三七號
發行人：彭正雄
發行所：文史哲出版社
印刷者：文史哲出版社
臺北市羅斯福路一段七十二巷四號
郵政劃撥帳號：一六一八〇一七五
電話886-2-23511028 ・ 傳真886-2-23965656

實價新臺幣三〇〇元

中華民國九十九年（2010）十月初版

ISBN 978-957-549-929-7 08893